株は再び急騰、国債は暴落へ

STOCKS SOAR AGAIN,
GOVERNMENT BONDS TO CRASH.

朝倉 慶

株は再び急騰、
国債は暴落へ

はじめに

「バイ・マイ・アベノミクス」

この威勢のいい掛け声に合わせ、日本の株式市場は昨年、1年間で56％という記録的な上昇を遂げたわけですが、今年に入ってから5月まで、冴えない展開が続いていました。

しかしながらここにきて、日本の株式市場も徐々に上昇機運が盛り上がってきたようです。法人税の引き下げ、GPIF（年金積立金管理運用独立行政法人）による株式購入枠の大幅な拡大、NISAの枠の拡大、国家戦略特区の選定等々、日本政府が経済を盛り上げるために、矢継ぎ早に大胆な政策を繰り出してきたからです。

一方で、異次元緩和の名の下に、限りなく円紙幣は印刷され続けており、多少のインフレがようやく起こってきました。皆さんも、物価が少しずつ上がってきたと感じ始めているはずです。

しかし政府は、こんな物価上昇では、とても満足などできません。もっと強烈に物価を上昇させ、国民が今年も来年も再来年もその先も、物価が上がると確信するまで、そして「継続的な2％の物価上昇」が確実となるまで手を緩めないでしょう。

こうして日本ではマネーの洪水によって物価の上昇が始まり、やっと景気が回復しつつあるのです。

人があまっているなどという話は昔のこととなり、今や至るところで人手不足が目立ってきました。建設業界では人手不足で工事が思うようにはかどらず、外食産業ではアルバイトが集まらないので深夜営業ができずに店を閉めるほどです。輸入物価高騰からガソリン価格をはじめ、諸物価も上昇しています。

このように、日本政府や日銀の思惑通り、念願のインフレが訪れようとしているのです。

ですが、これで万々歳と思ったら、大間違いです。

マネーを限りなく印刷すれば、インフレ気味になって景気がよくなる一方だなんて、調子のいい話があるわけがありません。効く薬は副作用が大きいのは当たり前で、実際のところ、今の政策が効いて本当にインフレになってから、真の問題が勃発するのです。それが、これからなのです。

どんな問題かって？　インフレが止まらなくなるということです！　一度火がついたインフ

レは、止まるはずがないのです。

米国では昨年、量的緩和を終了するとアナウンスした途端、あっという間に金利が1・5%から3%まで上がりましたが、日本の場合は、そのような経済の流れが致命傷となるのです。

どうしてかって？　だって借金が山のようにあるでしょう。金利が上がったらどうなるの！借金の金利が払えずに破産するではないですか！　1000兆円もあるのですよ、金利が上がれば返せるわけがない！　こんな理屈は小学生でもわかるわけで、いわば政府や日銀の政策が成功するということは、日本国の借金が返せなくなる事態が表面化するということにほかなりません。

日本中が景気回復に喜んでいますが、その先があるのです！　その先に備えなければ、悲惨な将来が待っているのです。こんな簡単な理屈は少し考えれば誰でもわかるはずですが、皆さんは今まで大丈夫だったからこれからも大丈夫、と思っているのではないですか？

政府だって1000兆円なんて借金が返せるとは、内心思っていない。つまり私は（そしておそらく政府も）、1000兆円の借金はインフレで返済することになると確信しているわけです。要するに日本国は国債が暴落する（激しいインフレが起こる）ことによって、結果的にその借金を返すことになるのです。

こうして、やがて政府の思惑通り、本物のインフレが訪れ、加速し、円安とともに止まらない物価高が襲ってくるのです。

そうなれば、どうなるか？　現金や預金などあっという間に価値を失っていくでしょう。デフレ時代はじっとしていればよかった。しかしインフレ時代は違う。行動できない者は泣きをみることになるのです。インフレ時代が来るということは、「弱肉強食の時代が幕を開ける」ということなのです。

これから、株価は際限なく上がり始めるでしょう。

デフレからインフレへの転換を図る政府は、インフレの到来に備えて国民の資金を強引に株式市場に誘導するつもりです。

政府は早くもＮＩＳＡの枠の拡大を目指しています。始まって半年も経たないうちに枠の拡大を目指すのですから、国の覚悟がわかるというものです。今後、現在の2倍、つまり1年で２００万円分の投資に税金がかからないとなれば、4人家族で年間８００万円、これが10年になれば８０００万円の投資が無税でできるようになるのです。一般的な家庭において、投資に関してはほぼ「税金を取りません」という国の宣言です。

かように政府は、ありとあらゆる手段を使って、国民の資産を株式市場に投入させようとしている。この姿勢を甘くみてはならないのです。

国民一人ひとりが、日本経済に何が起ころうとしているのか、真に理解せず、乗り遅れると、大変な目に遭うでしょう。

本書ではこれからどのような経済の大変動が襲ってくるのか、そして自分のお金をいかに防衛し、増やすべきなのか、具体的な方法を示しています。

来るべき変化に備えて行動を起こし、明日の日本を担える人材になるべく準備をしてほしいと思います。

朝倉　慶

２０１４年７月

株は再び急騰、国債は暴落へ　目次

第1章

さらなる株高が始まる！

第2章
景気回復は国債暴落の引き金を引く

第3章

中国やインドはどうなるのか

第4章 ウクライナ危機にみるロシアの暗闘

第5章

金融という恐るべき兵器

第6章

飛躍する米国、低迷する欧州

第7章

インフレをうまく活用して資産を増やせ！

装丁／デジカル（萩原弦一郎）
帯写真／松尾成美
DTP・図版／美創

第1章

さらなる株高が始まる！

中小企業に甘過ぎた金融庁

画期的な中小企業の救済計画が進んでいます。日本全国で景気低迷、ビジネス環境の悪化から、借金返済に苦しむ中小企業は膨大な数にのぼると思われますが、これら借金に苦しむ日本の中小企業に、夢のような「徳政令」が執行されようとしているのです。

日本政府は昨年12月、業績が悪化した中小企業が転業したり再び起業したりしやすくするために、会社清算や再建に取り組める新指針を発表しました。その新指針は中小企業に対しての驚くべき大盤振る舞いであり、日本の今までの制度が劇的に変わるほどのインパクトを持つ、画期的な内容でした。

この新方針は２０１４年度中に実質的に施行されることになるでしょう。まさに日本の中小企業の借金は返済不要という、驚くべき新政策の時代が幕を開けるのです。

昨年12月に発表された新指針によれば、政府は早期に事業再生を決断した中小企業経営者を全面的に支援するというものです。いかに支援するかというと、今までの借金を場合によっては無効とし、返済する必要はないというのです。

中小企業が倒産を決断した場合

早期に事業再生を決断した中小企業経営者を支援する

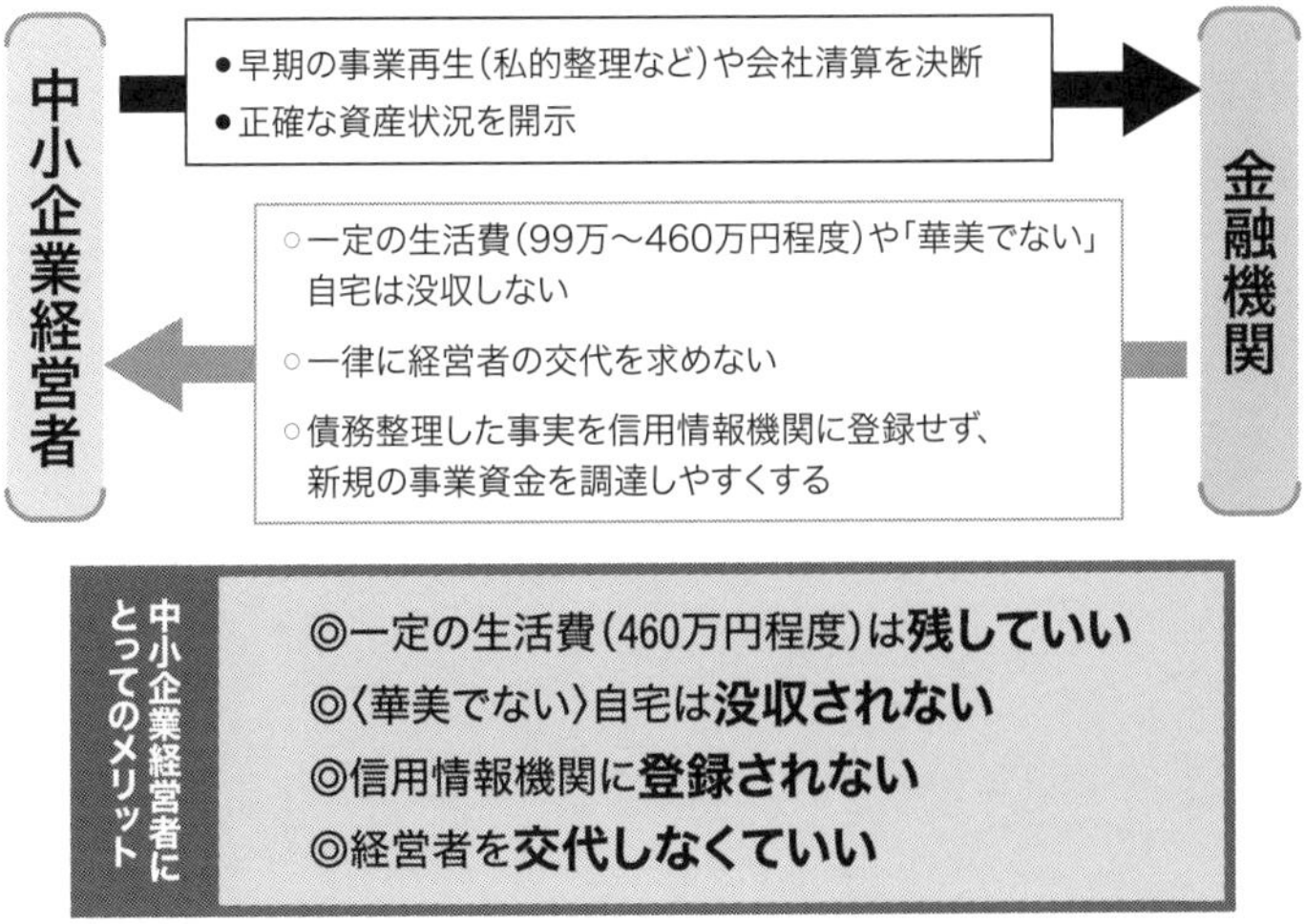

（2013年12月1日、日本経済新聞より作成）

しかも会社の清算を決断したうえで、借入を行っていた銀行に自らの正確な資産状況を開示すれば、一定の生活費は残していいということで、これは４６０万円程度の額になると思われます。４６０万円程度のお金がないと、暮らすのにも新しい事業を起こすのにも事欠くからです。

しかも仮に自宅が借金の担保となっていた場合でも、その自宅が銀行に没収されることはありません。借金が払えなくても、担保となっていた自宅は、いわゆる華美でなければ没収されることなく、残して住み続けていいわけです。

新指針によれば、銀行は借金を返

してくれない中小企業経営者の自宅を担保として没収することはできません。そのうえ、経営者の交代を求めることもないのです。

それだけではありません。中小企業経営者が借金を払わず、会社を清算しても、この借金を払わなかったという事実を信用情報機関に登録することもしないというのです。

リーマンショック後、日本は深刻な不況に陥りました。その結果、中小企業の時限的な救済措置として、「中小企業金融円滑化法」が施行されたのです。これによって銀行は中小企業の借金の返済猶予、金利減免、返済期間の延長など、あらゆる借金の返済措置の緩和策をとりました。

そして日本全国で420万社以上の中小企業は、銀行から借金の返済に追い立てられることもなくなったのです。

まさにリーマンショックという世界的な経済混乱の影響から、日本経済の転落を防ぐための緊急的な救済措置だったのです。

この中小企業金融円滑化法は、今までは取り立てが厳しかった銀行が、法律と行政指導によって実質、返済猶予に応じてくれるわけですから、多くの中小企業経営者から喜ばれました。中小企業のうち40万~50万社は、この中小企業金融円滑化法を何度も何度も利用して生きながらえてきました。

金融庁の行政指導は強烈で、「貸し渋りがあれば金融庁に報告しなさい」という通達の下、銀行は中小企業への借金の取り立てを厳しく行うこともできませんでした。仮に金融庁の方針に逆らって借金を厳しく取り立てようものなら、強烈な金融庁の報復は必至で、銀行など金融検査で酷《ひど》い目に遭ってしまうからです。お上が大盤《おおばん》振《ぶ》る舞《ま》いで資金を貸し出せと言うのですから、従うのも当然だったのです。

年内に中小企業のハッピー倒産ラッシュが始まる!

ところが、こんな大盤振る舞いが永遠に続くわけがありません。銀行から借金しても返す必要もなく、返済期限は延ばし延ばしで構わない、というモラルハザード状態が永遠に続けられるとも思えません。

日本政府は昨年3月、この中小企業金融円滑化法を廃止しました。当然銀行は中小企業に対して通常通り借金の返済を要求し、金融の正常化に乗り出すものと思われました。

ところが、金融庁の強力な行政指導は続いたのです。

昨年3月に中小企業金融円滑化法が廃止されてから、中小企業が銀行に金利減免や返済猶予や返済期間の延長などを求めた場合、その申請に対しての実行率は何と98・8％、中小企業金融円滑化法廃止前よりも実行率が上昇したのです。恐ろしいほどに強烈な金融庁の行政指導は続いていたのです。

こうして、中小企業金融円滑化法の際限のない利用によって、中小企業の金融面でのモラルハザードが広がっていったのです。

また中小企業金融円滑化法によって延命された中小企業の中には、とても再生できるとは思えないところも多く、このままでは単に効率の悪い経営を放置していくだけで、経済の新陳代謝が起こらず、かえって経済が活性化しないという指摘も出てきました。

しかしそれ以上の問題は、あまりに長期間、金利の減免や返済猶予を認めてきたために、表面には出てこない膿《うみ》がたまり、仮に正常化を目指して銀行が中小企業に以前のような取り立てを行ったら、中小企業の倒産ラッシュに発展し、ひいては日本経済の大混乱を引き起こしてしまうということです。

ここで行政を転換して正常化しようとすれば、消費税増税後の反動と相まって倒産ラッシュが訪れることは必至で、そのような大混乱を招くわけにはいきません。

というのも安倍内閣の命題は経済の再生であり、この後もさらなる消費税増税に向けて景気の失速は許されず、一時的に景気が落ちても、また一気に復活を遂げなくてはなりません。その意味では安倍内閣は手段を選ばず、景気回復にまい進しようとするはずです。

そしてそのためにどういう方針をとるかというと、最初に紹介した、劇的な新指針の導入なのです。

多くの日本の中小企業は中小企業金融円滑化法に浸かりきって抜け出すことはできません。かといって銀行は、手のひらを返したように強引に取り立てに入るわけにもいきません。

しかも中小企業の倒産ラッシュのような大混乱は、経済を極端に失速させることは必至なので、金融の正常化を即座に実行することなど論外なのです。そこで画期的な徳政令の出番となったわけです。

もはや中小企業金融円滑化法で金利減免を数回繰り返したような中小企業を、倒産させることなく、なおかつ、その経営者が納得したうえで会社を清算させるためには、無条件の徳政令しかないのです。

「そんなバカな」と思うかもしれませんが、すでに政府は新指針を発表し、後は実行を待つばかりなのです。

こうして2014年には、日本中で新指針の下、大々的に徳政令の執行が始まることでしょう。先行きがみえず、多大な借金にまみれてきた多くの中小企業が銀行と相談の下、私的整理という道を選択することとなるでしょう。

私的整理とは実質倒産ということですが、対外的には倒産ではありません。銀行と一部の中小企業がお互いの合意の下に、借金の棒引きを行い、その中小企業は企業再生の名の下に新しく生まれ変わるのです。自宅も保全、手元資金も460万円はあるし、信用情報にも傷はつきません。

こうして長く借金返済に苦しんできた一部の中小企業は綺麗な財務体質となり、新しい目標に向かって動き始めるのです。これこそ悲惨な倒産ではなく、ハッピー倒産です。このハッピー倒産は、瞬く間に全国に広がっていくに違いありません。

こうして新たに執行される徳政令によって、日本はチャレンジ社会に生まれ変わります。米国では事業に失敗しても個人財産までは奪われませんし、何度失敗しても再チャレンジが可能です。ですから多くの起業家が生まれては消え、また生まれるのです。

日本社会も変わります。起業して失敗しても、再チャレンジができる社会が実現されることでしょう。こうして新しい制度の下、借金の呪縛《じゅばく》から多くの中小企業が解放されるのです。

こうなるとすべてはハッピーなのでしょうか？　多くの中小企業の借金は返済不要という制度には、それを社会の一員である誰かが肩代わりしていくという一面もあるのです。

それは第一に国になりますが、国にはお金がないわけです。ですから結局は、国債発行によって、その資金を国民全体で負担することになるのです。

こうして国はさらに借金まみれになっていく

今年の3月19日の日経新聞の報道によると、金融庁はついに行政指導を180度転換する方針を固めたようです。

日経新聞によれば、金融庁は「近く始める地銀への検査でも取引先の持続可能性を個別に聞き取り、地銀が取引先企業の転廃業に取り組むように促す」というのです。今までは地銀に対して、「なぜ借金を取り立てるのか！」と、中小企業への貸し出しと金利減免を強制していたわけですが、今度は逆に、「なぜいつまでも貸しているのか！」と不良債権処理を強制しているわけです。

銀行としてはお上に立て突くわけにもいかず、今度は取引先の中小企業に「借金を返すか、転廃業するかを迫る」しかないというわけです。今まで金利減免とか返済猶予がまかり通っていたこと自体がおかしかったわけで、今度は急激に正常化の動きが始まるのです。

この動きを理解していない全国の中小企業は山のようにあるでしょうから、大混乱とともに、ある一定の時点で、全国的な倒産ラッシュが急速に始まると思われます。

実質倒産でも、私的整理ということで、倒産とはカウントされないかもしれません。

折しも地銀の再編が話題となってきましたが、この不良債権処理の進展具合を見ながら、金融庁としては思い切った全国的な地銀再編に乗り出すことになると思われます。

倒産は景気の回復時に多発すると言われますが、多発どころかラッシュとなりそうです。

しかし先行きのみえない中小企業にとってはある意味、この徳政令はチャンスではないでしょうか。国の大盤振る舞いに乗って私的整理を行い、借金を減免してもらい、自宅を残し、信用情報機関にも報告されずに新たな一歩を踏み出すことは、悪くない選択と思えます。

日本国自体が天文学的な借金にまみれています。そしてここで中小企業にも徳政令が発行されるのです。こうして日本国全体が膨大な借金によって支えられるのです。これまでも国債によって支えられ、これからも同じく国債によってさらに大きく支えられるのです。

こうして国も中小企業も年金も医療もすべて、国債発行によって問題解決を図っていくわけです。

この先に何があるのでしょうか？　国も中小企業もすべて借金は棒引きにしていくしかないでしょう。こうして日本の景気は誰を傷つけることもなく、拡大基調を強めていくことでしょう。

すべては国債という借金、つまり日銀が輪転機を回して円紙幣を印刷することで解決されていきます。マネーの大量発行で潤う日本経済は、無理やりつくられたインフレによって復活するのです。

しかし、いいことばかりではありません。マネーの印刷は、やがて円の価値を劇的に減価し、止まらない円安によって多くの日本人を苦しめることになるからです。

多くの中小企業が復権するのは喜ばしいことですが、魔法は永遠には続きません。やがて止まらないインフレが到来することを忘れてはならないのです。

賃金上昇は本当に続くのか

「期待以上に経営側が応えてくれた」――甘利明《あまりあきら》経済財政・再生相は国会内で記者団に笑顔で話しました。安倍首相も大喜びということです。

2014年の春闘は、予想以上の結果となりました。2013年までは「物価が上昇してもいったい賃金が上がるのか?」という懸念が世間に渦巻いていたからです。

「アベノミクス」と騒いで円安になり、株が上昇、そして最近では物価の上昇まで始まってきました。

これで政府の目論見《もくろみ》通りデフレ脱却はみえてきていましたが、一番の関心事である賃上げに対し、国民は疑心暗鬼だったのです。

ところが春闘では多くの企業が堰《せき》を切ったかのように、数年ぶりにベア（ベースアップ）の回答です。円安を追い風に好決算を出す自動車や電機などは、労働側の要求に対して満額回答も出したのです。

「万年不況」と思われていた鉄鋼業でも14年ぶりのベア復活と、春闘は例年になく盛り上がりました。アベノミクスによる経済の追い風を受けて、いよいよ日本も本格的な景気回復に突入していく様相です。


一方で問題となっているのは、日本経済の大部分を占める中小企業のベアについてです。大企業であれば経営的な体力もあるし、政府の要請に応えて賃上げも可能でしょうが、中小企業にとってはそれほど簡単ではありません。

景気は水物ですから、いつ何が起こるかわからず、中小企業の経営者が安易に今の状況に浮かれてベアなどすれば、状況が悪化したときに苦しむ可能性もあるからです。

したがってマスコミ各社は、「春闘の後に中小企業の賃上げが全国的に実行されるかどうかが今後の焦点」としています。

ところが、今の中小企業の実態は、マスコミが報道しているような悠長な状況ではないのです。日本全国の中小企業は極端な人手不足に陥っていて、まずは何としても人材を確保したい、そうしなければ仕事がこなせない、という状況にあるからです。

もちろん業種間、そして企業間の温度差はあるでしょう。しかし、一部の業種では明らかに人が集まらない、確保できない、という極めて深刻な状況となっているのです。

特に建設、介護、運輸、外食などのサービス業などは、まったく人が足りない、仕事が遂行できないという悲惨な状況です。

賃上げも当然考えていくわけですが、それよりもまず人材を確保したい、という切実な状況なのです。

中小企業は大企業と違って知名度がないので、いざ人材不足となると、大企業のように3～5％程度の賃上げを行ったからといって、すぐに人が集まるわけではないのです。

日本の有効求人倍率（いわゆる求職者を求人数で割った値）は、2013年からうなぎのぼりに上昇を始めています。

有効求人倍率が1倍であれば、求職者と求人数はマッチしているので経済は悪くない状況と思いますが、日本ではこの数字がずっと1倍以下で、いわば人あまりの状態だったのです。

ところが、2013年末にこの有効求人倍率が1倍を超え1・03倍となり、2014年に入ってからも上昇する一方です。6月27日の厚生労働省の発表によれば、5月の有効求人倍率は1・09倍、改善は18カ月連続で、1992年6月以来、約22年ぶりの高水準になったのです。

あれよあれよという間に人手不足が目立ってきました。これは日本経済全体を示す数字ですから業種全体の平均的な動きを示しているわけですが、先ほど指摘したように、なかには極端な人手不足が深刻さを増している業種もあるのです。

人材不足で建設費が高騰！

特に東京都がオリンピック誘致を成功させたことにより、2020年までは日本全土で（東北の復興工事もある関係で）建設関係の大型工事が相次ぐわけですが、この建設に従事する人材の極端な人手不足が生じています。これは直接的な建設従事者だけでなく、資材を運ぶ運転手やトラックなども不足しているのです。

建設会社としては、人が集まらなくても、受注した工事は契約に基づいて工期までに仕上げなければなりません。それには無理をしてでも人を確保しなければならないのです。

賃金は需要と供給の関係で決定しますから、こうなると自然と思わぬような高賃金が出現するのです。

建設業界でも、専門的な技術を持つ鉄筋工や型枠工などは引っ張りだこです。今やこの仕事の有効求人倍率は、なんと9倍です。一人に対して9社が競争して奪い合う状態です。また大工や左官などの仕事は倍率が3倍と、とても人材が確保できる状況ではありません。

こうした業種の中小企業では、「春闘」とか「賃上げ5%」などという話とは全く別次元の世界が展開されているのです。

また大企業においても、景気回復で全般的に人材確保が難しくなっていくと、やはり自然の流れで賃金を引き上げる傾向となります。

今年の春闘で「経営側は日本政府の要請に応えて賃上げを実行した」と報道されていますし、確かにそういう一面もありますが、業績的な裏付けがあることも事実です。

しかしながらベースアップの話は、おもに正社員の待遇の話です。

企業は人手が足りなくなると、まずはパートやアルバイトを使って（人手不足の）解消を目指しますので、賃金の実勢は、まずパートやアルバイトの給料に出てきます。アルバイトの給与体系をみると、3大都市圏では時給が2014年5月には平均で954円となって（リクルートジョブズ）、これは今や調査開始以来の最高額にまで上昇したのです。

一方、人材派遣大手のテンプスタッフやパソナは、契約した会社（派遣先企業）に対して派遣代金の3〜5%の引き上げを要請、実勢で上昇している給与体系に合わせようとしています。

中小企業へのヒアリングでは、「賃金を引き上げる」との回答が急速に増加していますが、その一番の理由は「人材確保」ということで、「業績回復」ではありません。中小企業としては背に腹は替えられないというところです。

一部の見方では、この中小企業の賃金引き上げの波は一時的なものではなく、今後加速していく可能性が高く、賃上げ率は簡単に大企業を上回ることになっていくということです。

人が集まらないのが深刻なケースはより一層、中小企業に現れるわけです。人が欲しければ一般的に知名度のない中小企業では大企業に比べて高条件を提示するしかなく、これも当然と言えば当然です。今後は中小企業の賃上げの動きが、大企業に波及していくという見方が出てきました。

人手不足による「賃金インフレ」が始まった!

実はこの恒常的な人手不足は、日本の構造的な問題でもあるのです。日本の人口は減り始めているので、労働力人口も確実に減っています。総務省の「労働力調査」によれば、日本の労働力人口は1998年の6808万人でピークを打ち、下がる一方なのです。直近の2014年1月では労働力人口は6563万人となり、16年間で約4％の減少です。

この数字は労働力人口全体の数字ですが、実は若年層についてみると、驚くべき現象が起こっているのです。15歳から34歳までは同じ期間で23％の減少、25歳以下に限ると、同期間で40％の減少となっています。これでは近い将来、労働の担い手が激減し、深刻な労働力不足となることは火を見るよりも明らかです。

団塊の世代が2017年には70歳となり、ますます第一線から引退していきます。日本が今後深刻な労働力不足に見舞われるのは必至ですが、その過渡期にアベノミクスという大規模なインフレ景気対策が実行されたのです。ですから人手不足から賃金インフレへと波及する可能性は限りなく高いのです。

公共投資の入札不調が全国で相次いで報告されていますが、ほとんどは人件費と資材の値上がりをカバーできないからです。

築地市場の豊洲への移転は2013年最初の入札で落札者がいないというみじめな結果となり、やり直した今回は6割高い値段を掲示して、やっと落札に至りました。東北の被災地では入札不調が相次ぎ、復興工事がいっこうに進んでいません。全国から職人をかき集めているのに、この有様です。

3月9日の日経新聞の報道によると、イオンやセブン&アイの傘下のスーパーは、あまりに建設費が高騰しているので、出店を2〜3割減少させるということです。

というのも、商業施設の建設費は現在3・3㎡当たり40万円前後で推移していて、これは震災前の水準を5割も上回るというのです。出費が5割も増える勢いでは、出店計画の見直しも当然です。この5割高、6割高が、今の建設費の実勢なのです。

社会が発展して高学歴化してくるとどうしても大卒者が増え、そのキャリアを生かした事務職の応募が増えていきます。一方で、かつての日本が戦後発展する高度成長期には、高卒者は「金の卵」と言われ、工場や建設業などの体を使う仕事に従事してきました。

かつて日本は「一億総土建屋」と言われ、全国津々浦々に中小の建設会社が溢れていました。そしてこれら建設関係の会社は、公共投資と民間の建設ラッシュの波に乗って、1990年のバブル崩壊までは潤ってきたのです。

ところがバブル崩壊で状況は一変、仕事は激減しました。そしてその後20年以上にわたって工事量の減少に苦しみ、建設業界の多くの企業にとっては、大小を問わず苦難の時代だったのです。この間、人は減り、事業規模を縮小し、業界全体として瀕死の状態が続きました。リス

日本の労働力人口

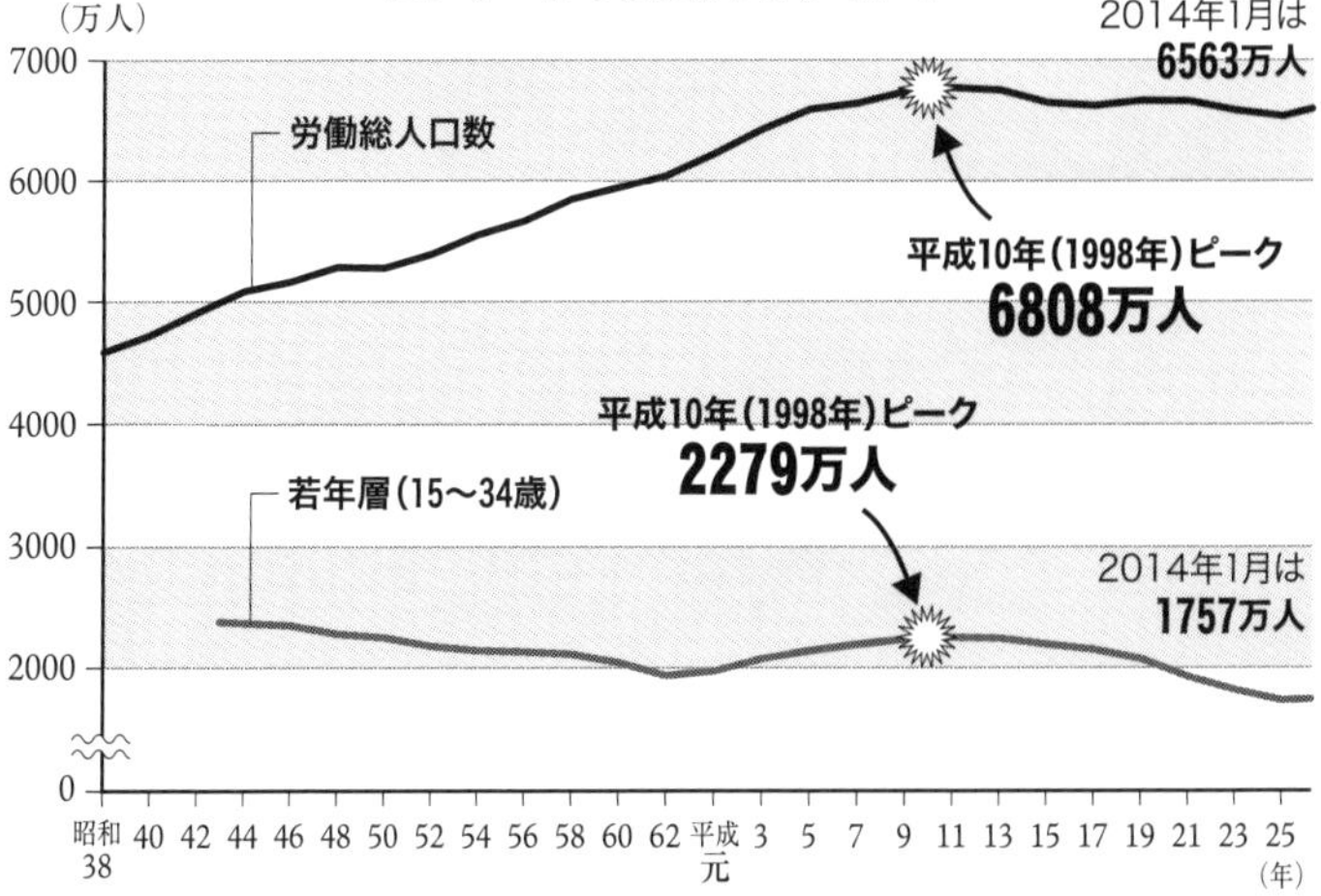

（総務省「労働力調査」より作成）

有効求人倍率は再び上昇！

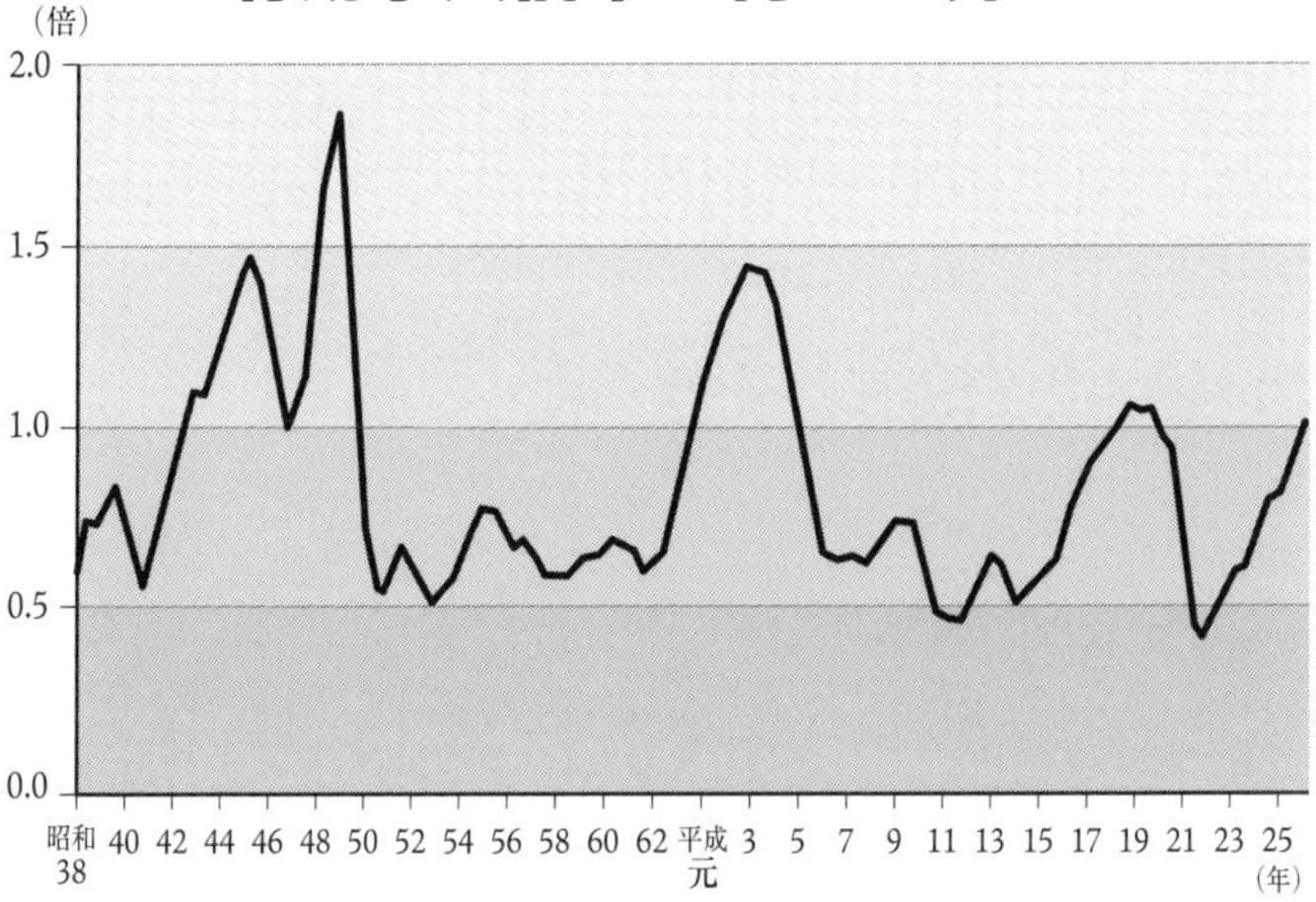

（厚生労働省「職業安定業務統計」より作成）

トラに次ぐリストラで賃金も下がり、多くの企業は消えていったのです。

若い人たちは建設業や単純労働を嫌いました。「3K」と言われ、汚い、危険、きついと敬遠されてきたのです。こうした20年以上にわたる工事減、リストラ、人気離散の影響は強烈です。時を経るにしたがって業界は激変し、働く人たちの年齢構成も変わってしまったのです。

農業従事者の平均年齢が65歳と言いますが、建設に従事する労働者の平均年齢も55歳以上と言われています。タクシーやバス、トラックの運転手も高齢化が進み、今や55歳以上が6割となりました。とにかく若い人が来ないのです。

こうして若い人が建設業からいなくなり、多くの中小の建設会社が淘汰《とうた》され、極端に少なくなったこの時点で、復興工事やアベノミクス、オリンピックによる未曽有《みぞう》の建設ラッシュが始まろうとしているのです。

「インフレは来ない」と言いますが、とんでもないことです。すでに建設関係をはじめ、介護、運輸、外食などのサービス業の人手不足の影響は、給与体系に大規模に表れ始めているのです。

実勢価格が5〜6割も上昇した建設費は、今後下がることなどあり得ません。

となれば、これからつくられるマンションや住宅の価格が爆発的に上昇してくるのは当然の流れなのです。

こうしてアベノミクスは、日本にインフレを引き起こすことに成功するのです。人々の賃金も、これから全国的に上がっていくことでしょう。円安はますます進み、輸入物価の上昇が止められなくなります。春闘で喜び、賃上げに喜ぶのは束《つか》の間のことです。止まらない物価上昇という、真正のインフレが日本を襲ってくるのです。やがて人々は、わずかな賃上げを上回る物価上昇の波に驚愕《きょうがく》することになるのです。

株高政策にまい進する安倍政権

今年に入って株価の動きがぱっとしません。「バイ・マイ・アベノミクス」と外国人投資家に対して日本株への投資を呼びかけ、昨年12月の大納会には証券取引所に出向いて「来年もアベノミクスは買いですよ」と力強く株価の上昇を宣言した安倍首相でしたが、今年に突入した途端に株価の低迷が始まってしまいました。

現に周りを見渡せば、解決の糸口のみえないウクライナ情勢、お隣の中国における不動産バブル崩壊への懸念、また6月になってからイラク情勢も不安定化してきました。

一方で円安になったとはいうものの、日本の貿易赤字体質は定着しており、一向に輸出は増えません。多少物価は上昇してきたようだが、給料は期待ほどには増えていないというのが大方の本音でしょう。

アベノミクスにより株価が上がったと言っても、実はそうとも言えないのです。

日経平均は野田佳彦《よしひこ》前首相の解散宣言のあった2012年11月から2013年5月までで、8000円台から1万5900円まで6カ月で8割も上昇しました。今年の5月末時点の日経平均は1万4500円近辺ですから、昨年5月の1万5000円台と比べてこの1年間、株価は全く上がっていないのです。昨年5月以降に株式市場に投資した投資家は、一般的にはほとんど儲《もう》かっていない、かえって損をしているという状態です。

今後、株価は本当に上がっていくのでしょうか？　もうすでに上がり過ぎたのではないでしょうか？　一部の報道で懸念されているように、再び失速してしまうのではないでしょうか？

私は株価については、一貫して強気の発言をしてきました。株価は常に動いていますし、様々な状況に左右されます。株式市場は「経済の鏡」と言われますが、株価を短期間で追うと、あまりに目まぐるしい変動に振り回されてしまいます。

また昨今の日本株はヘッジファンドの暗躍によって、変動率が異様に大きくなっています。これら諸情勢はあるのですが、私は株式市場の先行きに対しては強気で、考えは全く変わっていません。

日本中が悲観に染まっていた2012年6月、当時日経平均は8000円台でしたが、私は『2013年株式投資に答えがある』を出版し、誰よりも早く株式市場が本格的な上昇に転じることを予見し、世に問いました。この本の副題は『かつて、これほど中央銀行に依存した経済があっただろうか⁉』であり、日銀によるマネーの未曽有の印刷が株式市場の爆発的な相場上昇を引き起こす、と書いたわけです。

また同時に、2011年10月末の75円台で円相場は歴史的な天井を打ち、今後は40年にわたる円高トレンドが終わり、円安トレンドに突入したと述べてきました。さらにその後『株バブル勃発、円は大暴落』を2013年2月に出版しましたが、安倍政権の誕生により株高、円安トレンドが加速していく様を書き、さらに2013年9月末には『2014年インフレに向かう世界～だから株にマネーが殺到する！』を出版し、株高、円安、並びに日銀による止まらない金融緩和の継続について述べてきました。

2012年半ばから、終始一貫して私は日本における株高、円安、そしてインフレへの歴史的な流れを主張してきたのです。

一方で、日本国債の暴落は避けることはできない、とも主張しています。国債の暴落という言葉がきついですが、要は金利が大きく上がるということは、国債の暴落と同意語です。少し専門的になりますが、国債などの債券は金利を売買していると考えればよく、金利が急騰するということは、国債が暴落するということになるのです。

日本は今、国を挙げてデフレからインフレへ持っていこうとしていますが、インフレになるということは債券、いわゆる国債などの値段が下がる（金利が上がる）ということであって、仮に止まらないインフレが来れば、国債の暴落を意味することになります。

よく経済解説などで評論家が「金利急騰の危険性がある」と述べていますが、これは言葉を換えれば「国債暴落の危険性がある」ということです。

国債暴落の危険性など日本中、随所で発言されているわけで、私だけが主張していることではありません。

株価については、なぜ２０１４年になってから上がらないのか、その原因を探ってみましょう。

これは非常に単純で、外国人投資家が株を買わないからです。２０１３年の１年間では、外国人投資家は日本株を15兆円以上買い越しました。

一方で私は、日本では「株売却ブーム」と言ってきましたが、ほとんどの日本の投資家は株式を買い越すことなく、売り続けてきたのです。２０１３年の１年間で、個人投資家は８兆７

000億円、金融機関は5兆8000億円、生損保は1兆5000億円、年金基金は3兆9600億円の売り越しです。

日本株上昇の立役者である外国人投資家が、2014年は買い増しするどころか、5月までに約1兆4000億円も売り越しているのですから、日本株が上がるわけがありません。

忘れてならないことは、日本株の上昇は外国人投資家頼みであり、安倍首相が「バイ・マイ・アベノミクス」と叫んだように外国人投資家に絶えず発信して、投資を促す必要がある、ということです。

いずれ日本人が本当のインフレの到来に気づき、資産の目減りを恐れて我先にと株買いに走るときが来ると思いますが、現在は外国人投資家頼み一辺倒です。

根本的に理解しなくてはならないことは、日本国はデフレからインフレへと大きく舵《かじ》を切ったということです。これは国策の大転換なのです。ですから日銀は大胆な異次元緩和を行ったわけです。

また年金基金を運用するGPIFは、このほど運用委員会の委員を大幅に入れ替えました。これはGPIFが運用方針を大きく変えてポートフォリオを入れ替え、保有している国債を売却して、株式を購入していくための最終的な準備なのです。

そしてこのデフレからインフレへの大転換の方針の下、安倍政権は手段を選ばぬ不退転の覚悟で臨んでいくことを国民は理解し、行動しなければなりません。

その主柱《しゅちゅう》は、株高を演出することです。株高が止まれば、すべてが機能しなくなります。少し考えればわかりますが、景気がなぜ急によくなったのか？

株高が起こり、円安になったからです。マネーを無尽蔵に印刷することによって景気は好転したわけで、この金融緩和政策は安倍政権の肝《きも》なのです。

なぜ年金基金で株を買うのでしょうか？　もちろん株価を上げることが一番の目的ですが、実際のところは、年金基金も株式購入を拡大してインフレに備え、それと共に暴落する国債を売却していかないと危ない、と考えているからなのです。

国債などの債券は金利が一定期間固定されているので、たとえば30年物国債の金利1・7％は30年間、いかなる金融情勢になろうとも、金利は1・7％に固定されるのです。これでは5％を超えるインフレがくれば、ひとたまりもありません。全く価値のない紙くずとなってしまうのです。

これから政府はあらゆる手法を駆使して株高に導く！

また日本政府はデフレからインフレへ誘導する中で、人々のデフレマインドをぶち壊すことも考えています。日本人は資産運用においてあまりに保守的で、リスクを嫌い過ぎるからです。そこで諸外国と同じように多くの国民がリスクを取って株式を買い、その結果インフレに対応できるというような一大転換を行おうとしているのです。

その一端が2014年から始まったNISAの導入です。

このNISAですが、今年の3月末までに口座数は650万を超えた模様で、導入された資金も1兆円を超えているということです。さらに国はこの動きを加速させようと、現在の年100万円の非課税枠を、200万円以上に拡大することを検討しています。

国がこうして国民に株式購入の誘導をしていることを忘れてはいけません。マネーを際限なく印刷すれば、究極的に国はインフレをつくることはできるのです。それによって膨れ上がった国債という借金も、インフレの到来によって実質返済可能となるのです。

2％の物価目標とか、マイルドな景気回復などという政府のアナウンスを信じていては、ダイナミックな時代の変化に取り残されることは必至です。株が上がらなくなったと思って、株高、インフレ誘導が終わったと思ったら大間違いです。

安倍政権は2014年7~9月期のGDPをみて、2015年の消費税率の再引き上げを判断します。ここにきて消費税率引き上げの反動で少し景気が落ちてきていますが、このような状態を7~9月まで許容することなどできないのです。

ましてや株安など断じて許容できません。あらゆる手法を駆使して、景気拡大に打って出るでしょう。

これこそデフレからインフレへ動く時代の必然なのです。多くのエコノミストやアナリストは、今後の物価上昇の行方や株高の到来にも懐疑的です。彼らは時代の勢いや歴史のダイナミックな動きを理解しておらず、安倍政権や日銀の不退転の覚悟もわかっていないのです。

2012年の11月からわずか6カ月で日経平均が8割も上昇したことは述べました。これは1950年の朝鮮戦争以来のことです。船井幸雄先生が常におっしゃっていたことは、時代の変わり目には「びっくり現象」が起こるということです。

このような異常な株高の動きが、平時で起こるわけもないのです。ダイナミックな変化を感じ取らなければなりません。時代の変化は人々の想像を絶するほどに急激なのです。

そして、それを感じて実行できた人だけが、明日の時代をつくる権利を有するのです。

株高が終わった、インフレは来ない、などとエコノミスト、アナリストの多数意見に同調していては敗残者となることでしょう。

GPIFも国債を売って株を購入し始める

「GPIFの動きが6月にも出てくると、外国人投資家が日本株買いに動いてくるだろう」

2014年4月16日、衆議院財務金融委員会で麻生《あそう》太郎財務・金融担当大臣がこう発言すると、株式相場は一変しました。日経平均株価はこの日、麻生発言を受けて420円高と一直線に急騰、2014年で2番目の上げ幅となったのです。

昨今の株式相場低迷の大きな原因のひとつは、外国人投資家の消極的な投資姿勢です。外国人投資家は2013年に15兆円以上も買い付けた日本株を、今年に入って5月末までに約1兆4000億円売り越しているのです。

世間も、アベノミクスに飽きてきたのでしょう。外国人投資家頼みの日本株式市場にとって、外国人が期待する変化が生じないと、彼らの投資を呼び込むことはできません。彼らが買わないと、残念ながら日本の株式市場の回復は期待できないのです。

その意味では今回の麻生大臣の発言は、彼らにとって大歓迎でした。GPIFの130兆円にのぼる資産運用の方針転換は、外国人投資家が最も注目することで、市場に多大な影響を与えるからです。

2013年、1年間で外国人投資家は15兆円にのぼる日本株買い付けを行ったわけですが、仮にGPIFが運用資産の10%でも株式購入にあてれば、その額は13兆円で、市場に対するインパクトは計り知れないものがあります。

しかも、現在議論されているのはGPIFだけですが、仮にGPIFが運用方針を変えれば、共済年金など他の公的年金基金(国家公務員共済組合連合会、地方公務員共済組合連合会、日本私立学校振興・共済事業団など)も運用方針を変えるのは必至で、それらを合わせると運用資産200兆円という巨大な年金基金の一端が、株式投資に動き出すことになります。

外国人投資家は、日本の年金基金がこのような大胆な運用方針の転換をするのかどうか、固《かた》唾《ず》を呑《の》んで見守っているのです。

一方で、このGPIFの資産運用方針の変更、つまり株式購入枠の拡大については、すでに決定されていると考えていいと思います。

世間では、これからも(資産運用方針が)さらに議論されると考えられていますが、もうそんな段階は終了しており、あとはGPIFの株式購入枠拡大の正式発表を待つだけだと思えばいいでしょう。

私は再三強調してきましたが、安倍政権の基本方針はデフレからインフレへの政策転換で、これが変わることはありません。安倍政権はインフレに向けて国を一歩一歩動かしているわけで、今回のGPIFの資産運用方針の変更も、裏で確実に進めているはずです。

日本をデフレからインフレに変える以上、国民の大事な資産である年金基金も、インフレの到来に相応した運用に変えていかなければなりません。

「株式投資の拡大は危険である」とGPIFの資産運用方針転換に反対するのは、国の「インフレに持っていく」という強い決意をわかっていない人たちです。安倍政権の意志は固く、何があっても着実にインフレに向かって駒《こま》を進めるだけなのです。

今回のGPIFによる株式購入拡大の方針は、安倍政権発足後、当然の流れで進めてきた既定路線であり、「インフレにする」という目標に沿ったものなのです。

デフレからインフレへという国策なのに、今株を買わなくてどうする！

国民の年金基金130兆円の運用となると、国民一人ひとりに多大な影響を与えることですから、国民にとって死活問題となり得ます。

この場合、政府は運用方針の転換を拙速《せっそく》に決めて、後世の批判を受けるわけにはいきません。したがって「これだけ議論を積み重ねました」「これだけ有識者の意見を取り入れました」というプロセスが必要なのです。

そして、「議論の結果」として、「デフレからインフレに至る日本の変化を鑑《かんが》みて資産方針の転換を決めました」と言いたいわけです。ですから2013年来、GPIFの改革については何度も何度も議論が続けられたのです。

しかし、その議論が最終的な結論を導き出したと思ったら大間違いです。結論は最初から決まっていたのです。国債売却、株式購入の拡大です。

この結論を導くためのプロセス（実際は茶番）が、有識者会議の開催でした。そして茶番の第2幕が、運用委員会における新しい委員の任命なのです。

時の政府というものは、実に大きな力を有しています。委員会や日銀も含め、これらが独立した意思を持った存在と考えるのはあまりにナイーブです。

たとえば日銀ですが、かつてないほど積極的に緩和を行う黒田総裁を日銀の総裁に任命したのは安倍政権です。安倍政権の「デフレからインフレへ」という大命題の下、日銀総裁の人事が決定されました。それは具体的には緩和に消極的な白川前総裁のクビを切り、緩和に積極的な黒田氏を新しい総裁に据えたということです。

これと同じことで、GPIFの改革も、最初から株式購入枠拡大の結論ありきなのです。その方針に沿った人材を随所に配置して、有識者会議や運用委員会を開催してきたに過ぎません。ですから株式購入に対して消極的な三谷隆博《たかひろ》理事長の更迭は、今後の既定路線と思うといいでしょう。

振り返ってみると、まず2013年から「GPIF改革」と称して「公的・準公的資金の運用・リスク管理等の高度化等に関する有識者会議」を開き、この会議においては政府側の意を受けた東京大学大学院の伊藤隆敏教授を座長に任命しました。

最初から「国債売却・株式購入拡大」の意見を持った専門家が有識者会議のメンバーとして選ばれたわけですから、議論の結果はその通りになりました。

今度は、ＧＰＩＦの実際の運用に携わる運用委員の入れ替えです。所轄官庁である厚生労働省の田村憲久《のりひさ》大臣は、ＧＰＩＦの運用について「有識者会議などで提示されているデフレ脱却を図り、インフレに移行しつつある国内の経済環境での運用を認識することが重要」と述べていますが、まさにこれも株式購入拡大へ導くための発言です。そしてこの意を受けた厚生労働省の下、運用委員の入れ替えが行われたのです。

新しい運用委員の入れ替えにおいて、国債売却に消極的な委員には退任してもらい、新しく委員として株式購入拡大に積極的な委員を送り込むわけです。こうして「段階を踏んだ」という ことを世間に示し、「結果的に国債を売却して株式を購入することになった」という、実は最初から決まっていた結論に持っていくわけです。

すべては茶番です。もう安倍政権においてはデフレからインフレへの方針は大転換済みですから、日銀や年金運用も含め、国が主導する機関はすべて方針転換が行われるわけです。

ですから私は繰り返し、述べています。国の覚悟をみるべきだと。そして国策と一緒になって、株を買うべきだと。

株式市場はいまだ「夜明け前」である

こうしてすべての茶番が終わり、段階を踏んでＧＰＩＦの国債売却、株式購入拡大が決まると、今度は国債の売却に対して「誰がその国債を購入するのか」という問題が生じてきます。

東京大学大学院の伊藤隆敏《たかとし》教授は私案として、「今後1年かけてＧＰＩＦが25兆円程度の国債を売却し、日銀がそれを購入すればいい」と提言しています。これこそが、（表立っては言いませんが）国が目指している真の方針なのです。伊藤教授は私案として出していますが、ここまでの流れをみる限り、財務省も日銀も厚生労働省も、もちろん政府もこの案で押していこうと決めているに違いありません。

この案が現実のものになれば、ＧＰＩＦが国債を25兆円も売却するわけですから、当然、国債の買い手が必要となってきます。そこで日銀の追加緩和の出番が訪れるわけです。

今、世間では日銀の追加緩和について、「日銀は消費者物価指数の上昇率によって政策を決めていくのだから、消費者物価指数が予定通り上昇している当分の間は追加緩和はない」とみられています。

しかし、大半のエコノミストやアナリストは、日本国の根本的な政策を理解していないように思われます。

安倍政権の命題は、デフレからインフレに断固として持っていくことなのです。そしてその主柱とは、「株高を演出すること」です。

確かに消費者物価指数の上昇も重要な指標ではありますが、それはゴールではありません。日銀や政府がそれだけを目指すと思っていたら大間違いで、そんな細かいところよりも重要な視点があるのです。

ですからGPIFによる国債売却・株式購入拡大を行い、それを日銀がバックアップし、追加緩和を発動していくことでしょう。

これこそが日本株式市場の想像を絶する一大支援材料であり、実現すれば、株式市場は再び新値奪還に向かって一気に走り出すに違いありません。

私は安倍政権がそれを起こすと確信しています。また、伊藤教授は「(GPIFの国債売却を)急ぐ必要がある」とも述べています。

なぜかというと、日銀も現在の大量国債買い付けを永遠に続けられるわけではないので、GPIFは日銀が毎月国債を大量に購入している間に国債を売却する必要がある、というわけです。

思えば異次元の金融緩和が始まって、すでに1年以上が経っています。名目上は、2年で終了ということですから（終了できないと思いますが）、延命を続ける期間は残り少なくなっているわけで、急ぐ必要があるのです。

実際、金利が上昇して日銀の国債の買い付けが少なくなってからでは金利急騰の恐れが強まり、ＧＰＩＦの国債売却が難しくなるという判断です。

こうして政府は、年金基金を使って直接的に株式市場に介入してくるのです。今までは年金基金が株を買うときは、安くなったときで、値段を支えるために株を買う、いわゆるプライス・キーピング・オペレーション（ＰＫＯ／値段を支えるための買い出動）だったのですが、これからはプライス・リフティング・オペレーション（ＰＬＯ／値段を上げるための買い出動）となるのです。

こう考えると、株式市場に弱気になる必要はまったくないと思います。国の覚悟、安倍政権の帰趨《きすう》を考えれば、株式市場は「夜明け前」で、経済政策も相場も転機は近いと思っていいでしょう。

第2章

景気回復は国債暴落の引き金を引く

日銀前理事いわく、「日銀は国債暴落は起こらないと思っているが、それは起こる！」

早川英男《ひでお》氏は現在、株式会社富士通総研のエグゼクティブ・フェローを務めています。早川氏はかつて日本銀行の調査統計局長として、日銀の調査活動の先頭に立っていました。その後日銀理事となり、退任してから現職となっています。

早川氏はテレビ東京のインタビューで、国債暴落の危険性を警告しました。日銀に近い関係者がこのような発言をするのは極めて異例のことで、日本を取り巻く現状がただならない状況であることを感じさせます。

このインタビュー並びにブルームバーグでのインタビューによれば、早川氏は「国債暴落は必至」と述べています。発言の根拠と推移をみてみましょう。

早川氏は日銀の物価目標達成については、「すでに完全雇用であり、人手不足による賃金上昇が今後起きて、物価上昇率は来年の終わりごろには2％に近づいてくる。物価だけに限って言えば、日銀の予測が正しかったわけで、日銀の勝ちだ」と述べました。

昨年、日銀が2年で2％の物価目標を達成すると宣言したとき、またそれから現在に至るまで、ほとんどの民間の専門家は「そんな目標は達成できない」と豪語していました。ところが異次元の量的緩和を行った昨年4月4日からの物価動向をみる限り、1年経った今年の3月の時点で消費者物価指数（生鮮食品を除く総合）は1・3％となり、日銀の思惑通りの物価上昇が実現されているのです。

黒田東彦《はるひこ》日銀総裁は最近、金融政策会合後の記者会見のたびに「物価目標は順調に達成されつつある」ということを強調しています。また日本の失業率についても、現在の3％台半ばの失業率はほぼ完全雇用の状態であるとして、「日本の需給ギャップはほとんどない」との見解を示しています。

失業率が完全雇用の状態になっているという指摘は重要です。

米国ではかつてバーナンキ前FRB議長が、「失業率が6・5％に達すれば金利を引き上げる」と、一応の金融緩和政策の終了のめどを話していました。

その後、この目標値は修正されることになるのですが、それはともかく、金利引き上げのめどとして様々な経済指標があるにもかかわらず、失業率の推移を重視していたわけです。

これは失業率が低下して完全雇用の状態に近づけば、必然的に賃金の引き上げが起こるようになり、それが経済全般に波及することで賃金上昇、物価上昇という好循環のスパイラルが発生してインフレが加速することになる、という考え方です。

実際、人々が完全雇用状態となれば、当然、人手不足が生じて人材の奪い合いが起こりますから、必然的に賃金の上昇が起こってきます。

ですからFRBも失業率に神経質なわけで、経済指標の中で最も重視しているのです。毎月米国の雇用統計が重視されるのも、このような背景があるからです。

その失業率が、日本では3・5%という水準で、完全雇用状態になっているということは重要です。このような低失業率、完全雇用などという状態は、世界中を見渡しても先進国では日本だけだからです。

たとえばユーロ圏の失業率は11・7%ですし、ギリシャやスペインはまだ25%を超える失業率に苦しんでいます。米国は減ったとはいえ、6・3%ですし、カナダは7・0%、イギリスは6・6%、オーストラリアは5・8%という具合です。日本のような低失業率の国は見当たりません。景気低迷などという言葉が嘘のような完全雇用の状態が、先進国において日本だけで達成されているわけです。

黒田総裁が市場の度重なる追加の金融緩和要請に応えないのは、日本の経済状況が今や完全雇用状態で、景気は極めて順調に推移しているという自信があるからと思われます。

現実に人手不足は建設、介護、運輸、外食などのサービス業で顕著に現れてきていることは前に述べました。牛丼チェーン店の「すき家」ではアルバイトが集まらず、今年の2月以降約250店舗が一時休業や短縮営業に追い込まれました。居酒屋チェーン「和民」を運営するワタミも人が思うように集まらず、全体の店舗数の1割にあたる60店舗を今年度中に閉鎖するということです。建設労働者などはさらに人手不足が深刻です。

人手不足の情勢をにらんで、カジュアル衣料品「ユニクロ」を展開するファーストリテイリングは、3万人の非正規従業員のうち、新規採用も含め1万6000人を地域正社員にすると発表しています。労働者のいち早い囲い込みです。

かように日本の労働環境は、アベノミクスを契機に一気に激変し始めたのです。このような情勢が加速すれば、当然賃金は大きく上がる傾向が続くわけで、日本のデフレは終了となるのです。

早川氏は「少なくとも誰も前のように、物価が下がり続ける状態に戻るとは思っていないだろう。デフレは終わったということだ」と述べています。

そこを捉《とら》えて早川氏は、物価目標が達成されると日銀が国債を買わなくなり、国債価格が急落する、とみているわけです。

早川氏は、「国債市場は物価がいつまで経っても2％に届かない、したがって日銀がずっと国債を買ってくれるという前提で取引している」と述べています。

要は「国債市場は先をわかっていない。日銀の政策が成功することを疑っている」というわけです。

そして市場は自らが予想しているように、永遠に日銀が国債を購入してくれるという思惑で取引しているようだが、いずれしっぺ返しを食うというわけです。

国債の暴落に限らず、上がったものは下がるし、下がったものは上がる。それが相場です。日本国債に関して言えば、0・6%などという低金利が歴史的な異常水準であるということを、まず認識しておく必要があります。昨年4月に0・315%という人類史上最低の金利(国債価格は人類史上最高の高値)を実現させた日本国債の価格は、依然歴史的な最高水準にあり、その水準は人類史に例をみないほどなのです。相場というものは高くなればなるほど、暴落の危険性が高まるのは当たり前です。

経済学的に言えば、長期金利は「インフレ率+リスクプレミアム」であって、日銀はインフレ率を2%にしようとしているのですから、その2%プラス、仮にリスクプレミアムが1%であれば、3%という金利水準が実現されて当然です。

早川氏は物価上昇率が2%に近づいてくると、「日銀は国債を買ってくれなくなる」と述べていますが、それはインフレ率の目標達成から、国債を購入し続ける根拠がなくなるからです。

そして早川氏によれば、「その日は近づいている。国債市場だけでなく、日銀もモラルハザードに陥っていて、国債の暴落は起こらないと思っているが、それは起こる」と言っているのです。

極めて真っ当な意見です。この考えの面白いところは、日銀が政策目標である2%のインフレ目標を達成したことにより、国債暴落の引き金を引くことになる、という指摘です。

物価が2%上昇する中で、長期金利が0・6%のままはあり得ない!

黒田総裁は物価目標2%を達成すると豪語しています。そして単に物価目標を一時的に2%に達することを目標としているわけではない、と言っています。

どういうことかと言いますと、物価目標2%を達成し、それが継続的に続く状態を実現させると言っているのです。要するに今年も2%、来年も2%、再来年も2%、その後の年も2%と続いていくということです。継続的に物価上昇が毎年起こることが確認されるまで、金融緩和を進めるというのです。

それで黒田総裁の思惑通り、ほとんどの日本人が毎年2%の物価上昇を信じるようになったと仮定しましょう。そうなれば何が起こるか?

1年で2％の物価上昇であれば、資金を現金で寝かせておいても大きな問題は起こらないでしょう。しかし今年のみならず、来年も再来年もその後の年もずっと継続的に2％の物価上昇が続くと人々が本当に信じればどうなるか？

誰も預金なんてしていられません。なぜなら物価が毎年上がっていくのであれば、現金は目減りしてしまうのですから、資産を現金で持っている人なんて愚か者ではないですか。インフレに対応した資産を持とうと、人々の気持ちはがらっと変わるのです。

それだけではありません。今年だけでなく毎年2％の物価上昇が続くのであれば、1％以下の金利でいくらでも借りられる今、借金して投資したほうがいいではないですか！

物価が確実に2％ずつ上昇するのであれば、大体の商売において2％程度の増収になるはずです。そうなれば世の中にいくらでも資金需要なんて出てきます。日本中にお金を借りたいという人たちが山のように出現することでしょう。

日銀の言うことを誰もが信じるようになれば、そしてそれが本当に実現できれば、このように眠っていた資金需要は一気に爆発します。ご自分の商売を考えてみればわかるはずです。

そうなったときに、長期金利が現在の0・6％に留《とど》まっていると思いますか？　あり得ないではないですか！　毎年2％ずつ物価が上昇する世界なのになぜ、長期金利が0・6％に抑えられると思うのでしょうか？　お金の動きを常識的に考えればあり得ない話です。

だから日銀の政策がうまく機能して、消費者物価上昇率2%が継続的に実現されると人々が信じ、実現されたときこそ、国債の金利は一気に急騰（国債暴落）となる。これを早川氏は言っているのです。

要は日銀のかつての政策担当者が、「日銀の政策が成功したとき、国債の暴落の引き金を引くことになるのだ」と警告し、日銀の政策的な矛盾を自ら衝いているわけです。

さらに早川氏は、日銀の物価目標達成が実現されることについて「すでに完全雇用の状態なので、放っておいても人手不足と賃金上昇が起こる。そこで財政、金融政策をさらに発動すれば、2%の達成が早まるだけだ。2%の達成が早まるということはゲームセットが早まるということだ」と述べているのです。

つまり、日銀の政策が首尾よく達成された時点で国債暴落、日本の財政破たんということです。実にわかりやすく今後の展開を述べています。

このような当たり前のシナリオを、日銀のかつての政策担当者が堂々と発言しているところに注目し、日本経済の現状を理解する必要があるのです。

日銀総裁候補いわく、「インフレ率と長期金利の水準ががらりと居場所を変える可能性がある」

次に東京大学大学院の植田和男教授の見解をみてみましょう。植田氏もブルームバーグのインタビューに答えています。

植田氏はかつて大蔵省の主任研究官を務め、その後東大の経済学部教授に転身、1998年から2005年まで日銀政策委員会の審議委員を務めました。2001年、日本は主要国で初めての量的緩和政策を行いましたが、この新しい政策を巡って植田氏は理論的支柱と目され、2008年には日銀総裁候補にのぼりました。

2010年からは、GPIFの運用委員会の委員長を務め、最近退任したばかりです。

植田氏も早川氏と同じく、日銀の政策が成功することによって国債暴落が訪れることを、深く懸念しているようです。現在の0・6%という国債の金利水準について、「巨大な公的債務にもかかわらず、世界最低水準となっている日本の長期金利などから判断すると、債券市場のインフレ期待は死んでしまっている」と指摘しました。

植田氏によると、日本国債の0・6%という金利水準は異常であり、債券市場は日銀の目指すインフレ率2%の目標達成など信用しておらず、インフレ期待も全く持っていない、ということです。だから、このことを「インフレ期待は死んだ」と表現し、市場の見方が異様に偏っていることを懸念しているのです。

つまり、本来であれば、国債市場は日銀の政策を信じてインフレ期待を相場に織り込んで、高い金利になっていくのが当然であり、現在の0・6%という金利水準はおかしいと指摘しているわけです。

植田氏は、今後の物価上昇が日銀の思惑通りに生じた場合を想定して、「仮に本格的な物価上昇が誰の目にも明らかになり始めれば、ものすごい勢いで債券が売られるリスクがある」と言うのです。

言い換えれば、ある日、日本の多くの投資家がインフレ到来に突如パニックになり、一気に国債を売り始める。まさに国債の暴落が起こる、というわけです。

植田氏は国債暴落という言葉を敢《あ》えて使っていませんが、言わんとしていることは国債暴落にほかなりません。「ものすごい勢いで債券が売られるリスクがある」ということは、「国債が暴落する」と言っているのと同じことです。

そしてその時を捉えて、恐怖のジレンマを想像しています。国債暴落に驚いた政治家たちは当然、日銀に国債暴落を止めるように圧力をかけるに違いありません。

というのも、国債を日銀が購入すれば暴落は抑えられるわけですから、国債暴落の局面では、政治家が日銀に「国債を買いまくれ」と迫るのは明らかだと指摘しています。

そのうえで国債が暴落するときは、インフレが生じる局面、いわゆる金利が急騰する局面ですから、本来であれば金融引き締め、つまり日銀が国債を市場に売却して資金を吸収しなければならない局面なのです。それにもかかわらず日銀は政治家に国債を購入するように迫られるという、本来の政策とは逆の行動を、それも切羽詰まった形で迫られることになる、と懸念しているのです。

金融を引き締めるべきところをさらなる緩和に追い込まれれば、それは明らかに止まらないインフレの到来です。植田氏はこのように政治家と日銀が対立する局面――おそらく国債暴落の初期段階と思われますが――を「怖い局面に突入していく」と危惧《きぐ》しているのです。

植田氏が日銀の審議委員を務めていた2003年6月の国債の利回りは、当時としては史上最低水準の0・43%を記録しました。しかし、そこからわずか3カ月後の9月には1・675%となり、約4倍に急騰したのです。植田氏はそのときに市場の怖さを経験したのでしょう。国債暴落が起こる可能性を肌身で感じているのです。ですから植田氏の提言は言葉穏やかですが、極めて峻烈《しゅんれつ》です。

植田氏はGPIFの運用委員会の委員長を務めていたわけですが、このGPIFの資産運用方針について、「物価・金利上昇リスクがある過渡期には、国債をいったん大量に売却するなど、長期の運用方針から離れた対応が必要になる」と言うのです。

国債をいったん大量に売却する、とはどういうことでしょうか？

GPIFは国債を70兆円あまり保有しているのです。それを大量に売却しろ、というのです。植田氏の本心は、「国債暴落の危険性が迫っているので、一刻でも早く、大量に売れ！」ということにほかなりません。だから長期の運用方針など放棄し、現在がデフレからインフレへの過渡期であることを強く認識して、「一気に国債を売却しろ！」ということです。

植田氏によれば、「安倍晋三内閣と日本銀行の黒田総裁が2％の物価上昇目標を掲げる中では、インフレ率と長期金利の水準ががらりと居所を変える可能性がある」というわけです。難しい表現ですが、要は日銀の政策によって国債が一気に暴落する可能性がある、と言っているわけです。早川氏の指摘と全く同じです。

植田氏は政策担当者の苦悩や心情も話しています。「物価目標の達成が迫れば、長期金利はどこかで急速に上がる（国債暴落が起こる）。その場合に何をしたらよいかわからないというのが、政策担当者が皆ぼんやりと思っている不安だ」と言うのです。これこそ政策担当者をよく知る植田氏の本音を披露した、驚くべき発言です。

いったい異次元緩和政策に出口はあるのか！　インフレになったらどうするつもりか！　こ

の答えはいっこうに提示されません。黒田総裁や日銀関係者は判で押したように、「出口政策を論じるのは時期尚早」と言うだけです。

ところが植田氏の指摘では、政策担当者はそのときどうしたらいいか実はわからない、皆不安がっている、と言うではありませんか！　当たり前です。異次元緩和に出口なんてありません。入ったら二度と出られないのが、日本の異次元緩和という政策なのです。

植田氏によれば、「いざ金利が高騰してきたときは、有効な手段はあまりない。金利高騰は無理に抑えようとしても無理」というわけです。簡単に言えば、金利が高騰してきたらどうにもならないので、市場の動きに任せるしかない、ということです。

そうなれば、市場がオーバーシュートすることは明らかです。この感じは学者や政策担当者にはわからないでしょう。実践で相場に対峙《たいじ》している者だけが確信している、相場の常なのです。

植田氏は、「怖いのは長期金利が4～5％にまで上昇してしまう事態だ」と言います。この状態になれば、「財政事情はなかなか大変だろう」。ここで初めて、このブルームバーグのインタビューの中で植田氏の発言のトーンが下がってきました。今まで穏やかな発言ながら内容的にはかなり激しいことを言ってきましたが、急に本心を隠した、ごまかしの発言になったのです。

4～5%の金利になれば、1000兆円の負債を抱える日本国債の利払いは40兆～50兆円になります。税収45兆円の日本では、税収がすべて国債の利息で飛んでしまうのです。とてもではないが、「なかなか大変だろう」などという涼しい話で済むわけがありません。誰が考えても、そのときに日本財政が破たんするのは明らかです。

そうなれば日本国債は、かつてのギリシャ国債のように急落（金利急騰）してしまうのです。植田氏はこのことを恐れ、予感し、インタビューでは終始本音を話しながら、最後の悲惨な結論だけは本当のことを話すことができないのです。この辺が日本の知識人の問題と言えます。思っていても言いづらいことははっきり言わない。そのために多くの人は、植田氏の貴重な提言、真意を理解できないのです。

「日本が財政破たんとなれば、IMFも助けられない」とIMFの元理事

それでは今度は加藤隆俊《たかとし》元財務官の発言をみてみましょう。加藤氏は大蔵省入省後国債金融局長を経て、財務官に就任しています。1994年に当時の円の最高値である79円50銭をつけ

たときは、榊原英資《さかきばらえいすけ》国際金融局長らとともに、円高是正に奔走《ほんそう》しました。その後2004年には、国際通貨基金（IMF）の副専務理事となり、現在は国際金融情報センターの理事長です。

加藤氏は2013年11月に、ブルームバーグのインタビューに答えています。IMFの副専務理事を務めた関係で、国際的な見地から日本の財政状況を論じています。

「海外当局・有識者の間でも日本を巡る関心事は国債についてである」と指摘して、「今は問題ないが、インフレ率が2％になれば、政府は利払い費が膨らみ、保有者はかなりの規模で損失を被る」と言っています。早川氏や植田氏と同様、日銀の異次元緩和が成功してインフレ率2％が実現されたときをしきりに懸念しているのです。

早川氏、植田氏が国債暴落による日本の財政破たんを予見していることを指摘しましたが、加藤氏はこの状態が手のつけられない深刻な事態となることを指摘しています。「万が一、当局が事態をコントロールできなくなると、影響が全世界に波及しかねない」と言うのです。

実際、日本国債が暴落した場合は、誰も救うことができないのです。2010年から始まったギリシャに端を発した欧州危機ですが、このときECB（欧州中央銀行）とIMFは、ギリシャに2回にわたって計約34兆円にのぼる緊急融資を行いました。ギリシャのGDPは約25兆円ですから、融資額はギリシャのGDPの130％です。

この緊急融資が功を奏して、ギリシャ経済は一応の小康状態となり、最近は回復基調と伝えられていましたが、ここにきて政局不安から混乱の再来が懸念され始めています。

それはさておき、融資されたGDPの130％という額を考えてほしいのです。日本はギリシャ以上に借金漬けですから、仮に日本国債が暴落して財政破たんとなって、これをIMFはじめ国際機関が救済しようとすれば、どのような方策があるでしょうか？

ギリシャのケースではGDPの130％の融資がなされたわけですから、それと同じ水準の救済資金を用意しようとすれば、日本のGDPは約500兆円ですので、その130％は650兆円となります。IMFは、日本に650兆円もの巨額な融資ができるのでしょうか？

とても無理な話です。IMFの資本規模は7200億ドル（約72兆円）に過ぎません。650兆円などという巨額な融資ができるはずはないのです。

ですから実際IMFで働いてきた加藤氏は、「仮に日本が財政破たんとなれば、IMFも誰も救うことができない」と述べているわけです。

東大大学院教授が、「現在の国債に偏った資産構成は危険だ」

今度は、東京大学大学院の伊藤隆敏教授のインタビューをみていきましょう。伊藤氏も今回の日銀総裁候補の一人だったほどで、日本の経済界の重鎮《じゅうちん》です。日本経済学会会長や国際通貨基金調査局上級審議役なども歴任し、最近まで政府の公的・準公的資金運用・リスク管理を見直す有識者会議の座長を務めていました。

２０１３年11月、伊藤氏を座長とする有識者会議は、ＧＰＩＦなど公的年金の資産運用方針について、「国債などの国内債の比率を落とし、株や不動産などリスク商品の比率を高めること」を提言しました。

伊藤氏によれば、今回のＧＰＩＦ改革は「かつてない規模の提言」ということです。また「日本経済は政府・日本銀行が２％の物価上昇を目指す中で、約15年にわたるデフレから脱出しつつある大きな転換点を迎えている」と指摘しています。まさに日銀の異次元緩和の効果によって、日本はデフレからインフレへの劇的な転換を起こそうとしているという認識です。

デフレからインフレへの転換点を捉えて伊藤氏は、ＧＰＩＦの資産構成について「現在の国債に偏った資産構成を変えないと危険だ！　被保険者のためにならない」と強調したのです。

何が危険なのか？　もちろん国債を持ち続けて、暴落してしまうことが危険ということです。こうして伊藤氏も、国民の大事な資産である年金運用においては、早めに国債を売却する必要性を訴えています。また、「今後1年かけてGPIFが25兆円程度の満期の長い国債を売却し、日銀が量的緩和の拡大で吸収すればいい」という私案を出しています。「日銀が2％のインフレ目標を達成する前の今の時期だけが、国債を順調に売却できるタイミング」とも指摘し、「2％のインフレ目標を達成した後では危ない」という見解なのです。

まさにインフレ目標が達成されていないときこそが、国債の大量売却を行う唯一のチャンスという考えなのでしょう。

その通りです。日本国債の価格は、歴史的な異常水準の高値です。人類史上最高の高値なのです。日銀が怒濤《どとう》の勢いで国債を購入しているのに、インフレが起きていないこのタイミングで国債をできるだけ多く売却しなければ、二度と国債は売れなくなるでしょう。

「国債は安全、株は危険」などということは、バブル崩壊後のここ二十数年だけの常識です。際限のないマネーを印刷して、デフレからインフレへ国が無理やりに持っていこうとしている現在、実は国債ほど危険な資産はないのです。伊藤氏はそれを切実に感じているに違いありません。ですから「危険だ、被保険者のためにならない」と述べて、国民の大事な資産である年金基金の実質価値を守ろうとしているのです。

ＧＰＩＦ改革について、世間では、「なぜ危険資産の株を購入するのか。株価対策に年金基金を使うのか」という批判が絶えません。

しかし伊藤氏は、この批判に対して、「誤解に基づくものが多い。国債は安全、株はリスク、という神話を背景にしている」と切って捨てました。そのうえで「国債には金利変動リスクがある」と指摘しています。

大多数の人が、この金利変動リスクを理解できていないようなので、簡単に解説しましょう。国債において一度決められた金利は、満期まで続きます。30年物の国債であれば、一度決められた１・７％という金利は30年間固定されて動かないのです。この間にインフレが来てマネーの価値がなくなれば、30年物の国債は実質価値を失うわけです。

それがインフレであり、安倍政権も日銀も、そのインフレを起こそうと必死になっているのです。

そのときに危険極まりないのは国債そのものであって、保有していてはならないのです。だからいち早く、特に大事な年金の資金において、大量に売却すべきであって、伊藤氏もしきりにそのことを提言しているわけです。

「日銀が陥った国債購入のアリ地獄、続けても地獄、やめても地獄」と元財務官

次に、2012年3月のものですが、内海孚《うつみまこと》元財務官へのインタビューをみてみましょう。内海氏は大蔵省入省後、ちょうどバブル絶頂期の1989年に財務官に就任しています。当時のG7やプラザ合意、中南米危機など激動期に現役として活躍していました。日本格付研究所の社長でもありました。

内海氏は2012年当時の白川方明《まさあき》日銀総裁が行ってきた金融緩和について、「際限のない金融緩和であり、アリ地獄のようなもの」と述べています。「日銀は自らを動きの取れない方向に追い込んでいる」と述べ、「財政規律喪失や国債市場のバブル化と崩壊など、将来禍根を残す可能性がある」と述べているのです。

実際のところ、最近の日銀総裁の評価については、「金融緩和が足りなかった。だからデフレから脱却できなかった。一方で黒田日銀総裁はよくやっている」という見解が多いと思います。

しかし考えてみると、過去10年以上にわたって、日本は絶えず日銀の金融緩和に頼り切って

いたのです。金融緩和をどんどんやり続けた人だけが立派で、それゆえにあらゆる日銀総裁が緩和不足と言われてきました。

このような際限のない日銀依存に対して内海氏は、前から批判し続けていたわけです。

当時の白川総裁の追加緩和を受けて内海氏は、「今回の決定で円安・株高となり、短期的には成功したと思うし、それはそれで結構だが、中長期的には非常に大きな問題を起こすことになると思う」と発言しています。

この発言は白川総裁時代の金融政策を批判して述べたことなのですが、不思議と今の黒田総裁に対しての批判としても聞くことができます。

内海氏は、「日銀が国債を買っていれば財政赤字はどうにかなるではないか、ということで、財政規律は当然緩む。日銀はどんどんアリ地獄に入っているように私には思える」と述べています。まさにその通りで、日銀の量的緩和という政策は、際限のないアリ地獄なのです。限りなく続けられ、求められ続けている現状をみれば、誰でも納得するでしょう。

白川総裁時代の前から、緩和は継続しているわけですが、いくらやってもきりがありません。どこが限界点なのか誰にもわからないので、市場から暴力的な警告が発せられるまで続けるしかありません。こうして本格的なインフレ到来とともに突如、金利の暴騰、国債の暴落となることでしょう。財政赤字にも慣れっこ、異次元緩和による途方もない国債買い入れにも慣れっこ、ということは極めて恐ろしいことです。

2001年に日本が初めて量的緩和政策を世界に先駆けて行ったときは、月に4000億円、年間で4兆8000億円の国債購入に過ぎなかったのです。ところがその後日銀は、量的緩和を際限なく続けることを求められるようになります。

そして現在の黒田総裁による異次元緩和においては、2001年当時の年間で購入していた4兆8000億円という額を月単位で遥かに凌駕《りようが》する、毎月7兆円という国債購入額にまで達していますが、全く終わる気配すらありません。黒田総裁は2013年4月4日、2年で2倍、2%というわかりやすいフレーズを使って異次元緩和を発表しました。

そのときからすでに1年以上経過して、残りの期間は1年も残っていないはずなのに、どこからも異次元緩和終了の声は聞こえません。聞こえるのは追加的な緩和の要請のみです。とてもやめられませんし、やめるはずもありません。インフレ勃発の警戒警報が打ち鳴らされるまで、このたゆみない緩和政策は抜けられないアリ地獄なのです。

内海氏風に言えば、「ここまで来ると、日銀が国債買い入れをやめると国債が下落して膨大な評価損が発生するので、続けても地獄、やめても地獄という状態になっている」というわけです。

この内海氏のインタビューは2012年のことですし、その段階でもかように量的緩和の継続に重大な懸念があることが指摘されていたのです。

しかし、まだ白川総裁時代は、この量的緩和政策の後始末を何とかしなければ、という歯止めもあったのです。量的緩和政策で日銀が購入する国債を短期のものに限っていたということからも、それは明らかです。

日銀が購入する国債が1年満期とか、長くても3年満期ぐらいであれば、いざインフレが起こったとしても、日銀の持つ国債が1年とか3年で満期となって償還になりますので、日銀の保有する国債の量は増えず、比較的無難に量的緩和政策の終了はできるはずだったのです。

しかし黒田総裁の時代に突入して、このような危険回避の策は取られなくなったのです。それどころか黒田日銀は、毎月積極的に長期国債、償還期間の長い国債を好んで購入するようになりました。多くの識者はこれをみて、「日銀はルビコン川を渡った」と述べました。

常識的に考えればわかりますが、インフレになれば長期国債など売るに売れなくなることは必至で、必然的に日銀のバランスシートには大量の長期国債が残ってしまうことになります。これでは中央銀行のバランスシートが膨らみ過ぎになりますから、インフレが加速すれば、その火を消すことなど不可能です。

そもそも現在、量的緩和政策によって、民間の銀行は日銀の当座預金残高を積み上げていま す。その額は法定準備金に対して12倍という驚くべき水準で、さらに拡大を続けているのです。

仮にインフレ目標が達成されて、資金需要が出てくれば、その資金需要はインフレと相まって止まらなくなります。こうしてインフレが断続的に続くのであれば、資金需要は収まりませんから、民間部門は資金を借りまくるようになり、その結果としてマネーは山のように世の中に溢れ出るようになっていくのです。

米国のＦＲＢにしても、このような副作用を恐れているからこそ、いち早く量的緩和政策の終了に踏み切ったのです。米国のドルは世界の通貨ですし、世界中の人々がドルを求めています。その限りないドル需要があるからこそ、ＦＲＢが量的緩和を終了しても、ほかの誰かが、量的緩和の終了で買われなくなった米国債を購入するという仕組みができあがっているわけです。ひとえに基軸通貨を持つ米国だからできる芸当です。

日本の場合は、そうはいきません。保有者のほとんどが日本人である日本国債は、ほかに大きな買い手がいないのです。日銀が国債を買わなくなり、さらに金利が上昇（国債価格は下落）すれば、国内で国債を買う投資家などいなくなるのです。

発行されたばかりの国債を日銀が半分以上買うという異常事態

日銀の実質的な国債引き受けが急ピッチで拡大しています。2014年6月13日の日経新聞によると、国債の第333回債、これは3月20日に新たに発行になった直近の10年物国債ですが、日銀はこれをすでに53%も取得しているというのです。

現在、日本国債の値付きが非常に悪くなっているのですが、これは市場に出回っている国債を日銀がほとんど買い占めている形になって、市場に出回る国債が極端に減り、市場が機能停止のような状態で値段がなかなかつかなくなっているからです。

金融機関は今では国債の卸売業者のようになって、財務省が発行する国債を入札して、即座に日銀に売却するという有様です。この取引は利幅が小さくほとんど儲からないのですが、在庫を持つリスクもないということで安全なのです。要は日銀が後に買ってくれるのが確実なので、財務省の国債の入札に参加して国債を購入するわけで、相場に対する値段の高安などについては、ほとんど考えていないわけです。

株式市場では昔から仕手筋という大物投資家がいて、彼らがある個別株について異常な値段まで買い上げることがありました。投資家はその株が異様に高い水準にまで買われているということはわかっていても、その大物投資家がさらに高いところまで買ってくれるという情報を信じて、高値を平気で買っていったのです。要は、次に買う投資家が確実に存在しているという信頼感は大きいわけです。これはいわば、「ねずみ講の発想」です。高いか安いかは関係なく、ただ自分の投資した後に購入してくれる投資家がいるので買う、というわけです。

このねずみ講式の投資に陥っているのが、今の日本国債の売買です。このような状況になっていても、国債を売買する投資家も疑問を感じていないようです。

国債を売買するのは、主に決まった数十社の日本有数の金融機関や機関投資家であって、それに関与している担当者たちは、その中のエリートたちです。

考えてみれば、日本国債の10年物の利率は0・6％です。ただみたいな金利で、ゼロ％までいくばくもありません。完全なる歴史的な高値なのです。

ところが、この金利が上がり始めれば、上昇の度合いはほぼ無限大に近くなるでしょう。

こう考えると、よくこのような異様な高値で国債を購入することができるのか、相場の世界をみている者として信じられない気持ちです。

よくバブルについて指摘されますが、現在の国債の価格、並びに金利水準は驚くべき高値であり、常識的な判断ではとても買えるとは思えません。株はバブルだと言う人がいますが、とんでもない話で、この国債のバブルに比べれば、今までの株バブルなんてかわいいものです。

以前は日銀も規律を保っていたので、発行して1年以内の国債を購入することはありませんでした。発行して1年も経たない国債を購入することは、国債引き受けと実質的に変わらないという、真っ当な認識を持っていたからです。

ところが、今ではそんな規律は消えました。直近に発行された国債をこれほど大規模に購入しているということから、日本ではすでに国債引き受けが白昼堂々と行われているとみるべきです。

元禄時代と荻原重秀に学べ！

江戸時代の歴史は中学で習いますが、江戸時代、特に元禄時代の歴史については強烈な印象が残っている方が多いと思います。特に5代将軍、徳川綱吉《つなよし》の時代は強烈でしょう。綱吉は「犬公方《くぼう》」と言われていましたが、彼が実施した「生類《しょうるい》憐《あわれ》みの令」では動物保護の精神がいき過ぎ、犬を殺しただけで死刑になるなどという常軌《じょうき》を逸《いっ》した施策がとられたのです。

「お犬様」と言って、人々が犬を崇《あが》める姿が現在でも当時の風刺として伝えられています。綱吉についてはさまざまな歴史的評価があるでしょうが、一般的には悪政を行ったという見方が定着していると思います。

悪政だと言われるもう一つの理由は、当時の勘定役《かんじょうやく》（今でいえば財務大臣や日銀総裁を合わせたような大役）を務めていた荻原重秀《おぎわらしげひで》の貨幣改鋳《かいちゅう》という失策が、激しいインフレを招いて庶民を苦しめたからです。

その失策とは、貨幣の土台となる金の含有量を大幅に減らし、貨幣を価値のないものに改悪して、世の中にインフレをもたらしたのです。私も中学時代にこのことを知り、「なるほど」と納得したものです。

ところが今、荻原重秀の施策を評価する考えも出てきており、学会でも様々な論争が起きています。

ここからは、アベノミクスというインフレ政策の評価とともに、荻原重秀が行った貨幣改鋳、並びに元禄時代について振り返ってみましょう。

荻原は1695年、当時の通貨を改鋳して、金と銀の含有量を減らしました。これは徳川幕府ができて初めてのことであり、画期的な出来事でした。今では紙幣の流通が当たり前ですが、当時は通貨に金や銀を使って価値を担保するのが常識だったわけで、これを幕府の力によって変えようとしたわけです。

荻原は、「貨幣は国家がつくるものであって、瓦礫《がれき》を以《もっ》てこれに変えても、まさに行うべきである」と主張しました。紙幣の流通が当たり前の今日では、この発想は納得できますが、当時としては危険であり、異端な発想だったはずです。

しかしながら現在の貨幣制度を考えると、当時このような発想に至った荻原には、極めて非凡な才覚を感じずにはいられません。荻原は当時から貨幣経済の本質を捉えていたのです。

元禄時代は松尾芭蕉、井原西鶴《さいかく》、近松門左衛門など日本の歴史上でも多くの著名人が活躍するなど、文化が発展したことでも知られています。ある意味、順調な経済発展とともに、安定した時代が長く続いたわけです。

一方で、安定した好調な経済発展が長く続けば続くほど、その後に経済混乱やそれに伴う苦難が起こるのも世の常です。江戸文化が大きく花開いたのが元禄時代の前半とすれば、後半には非常に困難な出来事がありました。止まらないインフレと、天災が多発したのです。

元禄8年（1695年）からは奥州《おうしゅう》で大飢饉《ききん》が発生、その後も数年続きました。元禄11年（1698年）には江戸で大規模な火事が発生、勅額《ちょくがく》大火と言われていますが、数寄屋橋《すきやばし》門外より出火し、上野を経て千住《せんじゅ》まで300町余が焼失し、死者が3000人以上に達しました。そして元禄16年（1703年）には元禄江戸大地震が発生しました。この地震は関東地方を襲ったマグニチュード8・1という驚愕の地震で、大規模な火事も発生し、関東一円は混乱を極めたということです。

これを機に、翌年には元号を改元して元禄から宝永となりました。元禄時代は日本の歴史の中でも文化が勃興した時代として有名ですが、その年数はわずか16年間に過ぎません。元禄から元号を変えて宝永となった宝永元年（1704年）には、浅間山《あさまやま》が噴火しました。この年は多くの地域で洪水が発生して悲惨な状態となったのです。そして宝永4年（1707年）には宝永の大地震が発生、マグニチュード8・4という大地震でした。

この宝永地震は東海、南海、東南海に連動した大地震だったのですが、最終的には富士山が噴火して、地震は終焉しました。翌宝永5年（1708年）には京都で大出火が起きるなど、元禄時代末期から宝永時代にかけては天変地異《てんぺんちい》の連続だったのです。

そのような時代に貨幣改鋳をし、インフレが止まらなくなったという歴史には何かと考えさせられます。当時の世相や激しい時代の移り変わり、そして天変地異の激しさを考えると、東日本大震災から混乱の始まっている現在の日本と状況がダブるのです。


5代将軍綱吉が、天下の悪法と言われた「生類憐みの令」を発布した背景には、綱吉が母の寵愛《ちょうあい》していた隆光僧正《りゅうこうそうじょう》の言を採用したものと言われています。綱吉の長男が早死にして、その後跡継ぎが生まれなかったことに対し、隆光僧正は過去の時代における殺生がたたっていたというアドバイスをし、子どもを求めるなら殺生をしないほうがいいと進言したようです。

綱吉は「生類憐みの令」を徹底させ、生き物の殺生を禁止しました。殺生禁止の対象は哺乳類に限らず、鳥類や魚、果ては蚊やシラミにまで及んでいたというのですから異常です。特に犬は厳重に保護され、町には「犬目付」が巡回していました。犬を傷つけると罰せられるので、人々は犬にかかわらないようになり、自然と町に野良犬が溢れるようになりました。

それを養うために現在の東京の中野には大規模な犬屋敷が建設され、８万頭を超える犬を養っていたというのですから驚きです。その費用だけでも今の日本円にして年間１００億円ほどで、その資金の一部を、庶民や各大名から犬扶養として徴収していたというのです。

このような悪政が平気で行われた背景には、元禄時代の前半は安定していて平和だったということがあるでしょう。

松尾芭蕉が奥の細道を旅したのは元禄2年（１６８９年）で、井原西鶴が「日本永代蔵」を刊行したのは元禄元年（１６８８年）、近松門左衛門の曽根《そね》崎《ざき》心中の初演は元禄16年（１７０３年）です。また忠臣蔵で有名な赤穂浪士《あこうろうし》の討ち入りは元禄15年（１７０２年）です。

元禄時代のこの間は、非常に平和で穏やかな時代が続き、経済成長もそれなりに順調に推移していたといえます。

元禄期前後の出来事

貞享	2年	初めて**生類憐みの令**を発す(～1709)
	4年2月27日	**病気の牛馬の廃棄を禁止し、魚鳥類を生きたまま食用として売ることを禁止**
元禄	元年1月	井原西鶴が「日本永代蔵」を刊行する
	11月	柳沢吉保が側用人に就任する
		大坂堂島の新地ができる
		イギリスで名誉革命起こる
	2年3月27日	松尾芭蕉と河合曾良が江戸深川から**奥の細道の旅**に出る
	4月	長崎に唐人屋敷ができる
	11月	渋川春海が天文台を建造する
	3年8月	オランダ商館に医師のケンペルが来日する
	10月	捨て子禁止令が発令される
	5年	江戸での寺院建立を禁止する
	6年	新井白石が甲府藩主徳川綱豊(徳川家宣)の侍講となる
	7年	菅野六郎左衛門と村上庄左衛門による高田馬場の決闘。助太刀をした堀部武庸が評判になる
	8年8月	**荻原重秀の建議により金銀を貨幣改鋳。9月に発行**(以降4度改鋳を行う。金の含有量は30%以上減らし、銀貨に至っては銀20%の含有量にして、それまで通用していた慶長小判と銀貨を回収して鋳造し直した)
	11月	江戸の**野犬を中野に設置した犬屋敷に収容**
	9年	竹島(現在の鬱陵島)への渡航を禁止する(竹島一件)
	13年8月	日光奉行を設置する
	11月	**金銭銀銭の交換比率を定める**
	14年3月	江戸城内の松の廊下で赤穂藩主・浅野長矩が高家肝煎・吉良義央に切りつける
	15年12月	元禄赤穂事件(赤穂浪士の討ち入り)
	16年2月	大石良雄らが切腹する
	5月	近松門左衛門の「曽根崎心中」が初演される
	11月23日	**元禄江戸大地震**が起こる。元禄16年に起きた関東地震の一つであるこの元禄江戸大地震(M8.1)により、夏には**江戸で大洪水**。翌年には改元を行うに至る
宝永	元年1～3月	**浅間山噴火**
	4年10月4日	遠州灘・紀州灘でM8.4の大地震(**宝永の大地震**)。東海・東南海・南海連動型地震と考えられている。東海道から九州にかけての太平洋沿岸および瀬戸内海沿岸で津波被害。震害は東海道で著しく、津波は土佐沿岸で最大であった。少なくとも死者2万、倒壊家屋6万、流出家屋2万に上るという。
	10月13日	札遣い禁止令。藩札の発行を禁止し50日以内に正貨との引き替え回収を命ずる
	11月23日	**富士山が歴史上最大級の大噴火**(宝永大噴火)。宝永山が出現。江戸で降灰、数センチ積もる

1695年とダブる日本

当たり前のことですが、経済が順調に推移すれば、貨幣の需要が盛り上がるのも自然の流れです。勘定役に任命された荻原は、貨幣のもととなる金や銀の必要性を感じ、佐渡《さど》の金山での金採掘の増産を目指しました。

当時の佐渡は、金の生産量が急速に落ち込んでいたため、荻原は佐渡に赴き、金山の状況を調べました。そうして、金山の坑内にたまった地下水が生産を妨げていることがわかったのです。

荻原は、地下水を排出するための排水溝を掘削することを決め、これによって5年後に金の採掘量が増加したのです。

しかしながら、全国的に新たな鉱山の発掘は頭打ちになっており、貿易によって海外への金の流出も増えていました。こうして貨幣のもととなる金が確保できなくなっていったのです。

やがて貨幣不足からデフレ状態に陥り、経済停滞という憂き目に遭います。

そこで1695年に荻原は貨幣改鋳を決意、貨幣における金、銀の含有量を減らすことを決めたことはすでに述べました。

一連の流れをみると、貨幣改鋳はそれまで順調だった経済状況を続けるためには、「やむを得ない手段」と、荻原は考えたものと思われます。

こうして荻原は江戸幕府始まって以来、初めて貨幣改鋳を行ったわけですが、しばらくの間はこの策が功を奏して、景気は回復基調になりました。

そしてその状態を維持するために、荻原はますますインフレ政策をエスカレートさせていくことになるのです。

このような状態の中、前述したように、天変地異が相次いで起きました。元禄大地震も浅間山の噴火も宝永大地震も富士山の噴火も、幕府の財政を逼迫《ひっぱく》させるほどの大きな天災だったと思われます。

大地震直後の宝永3年（1706年）から、荻原は貨幣改鋳のスピードを速め、頻繁に行うようになりました。財政の悪化から、資金需要が止まらなくなってきたからでしょう。

現在の日本の東日本大震災や原発事故の勃発で、国家が膨大な費用を要するのと同じ構図といえます。

荻原は宝永3年（1706年）から宝永8年（1711年）の間に行われた、「宝永の貨幣改鋳」のときにはわずか17カ月の間に3回も貨幣改鋳するなど、完全に歯止めを失っていきました。インフレが亢進《こうしん》したうえに、幕府の財政は度重なる天変地異への対応によって破たん寸前の状態になってしまったからです。物価上昇は止まらず、資金需要はさらに増していくという悪循環です。

荻原も黙ってみていたわけではなく、歳入の拡大に精一杯努めています。史上初めて大名に課税しましたし、全国の酒造家に運上金《うんじょうきん》をかけるなど、従来はなかった強引な税の取り立てに走っています。しかし幕府の財政難は酷くなる一方で、多少の増税では収まらないところまで陥っていたのです。

やがて庶民は、止まらないインフレに苦しみ始めます。こうして平和で穏やかな元禄時代は終焉しました。

元禄時代は要するに、好調であった前半の状況を続けようとして貨幣改鋳という政策的な無理を押し通したために、矛盾がたまりにたまってしまった、そして天変地異をきっかけにして、様々な矛盾や鬱憤《うっぷん》が一気に爆発した時代だったと思われます。

江戸時代には天変地異は天罰とみられる風習があったのですが、あのような天変地異が続くこと自体が悪政の行く末だったのであり、人々は大きな変革が必要だと感じたことでしょう。このような流れの中で、荻原は完全に失脚していきました。インフレなど、社会に混乱を招いた張本人として責任を取らされた形となったのです。

のちに新井白石は、荻原を「天地開闢《かいびゃく》以来の悪人」と酷評して、この混乱の責任をすべて押し付けました。白石によれば、「荻原は幕府の放漫財政を貨幣改鋳という悪政によって取り繕い、金銀に混ぜ物をするという決してやってはいけない悪行を行ったことにより、天変地異を招く結果をもたらした」というわけで、「荻原の行った悪政は江戸幕府が始まって以来で、その酷さは前後に類をみない」と断罪したのです。それ以降、荻原の悪評は定着した形となって後世に伝えられました。

元禄時代と同じインフレは起きるのか

先にふれた通り、その評価を変えようというのが最近の傾向です。アベノミクスは、本質的には荻原の行った貨幣改鋳と同じ発想であり、マネーの発行量の増加によってインフレを無理やり起こし、デフレ状態から脱出して景気回復を目指そうというものです。

荻原の再評価については、荻原の行った貨幣改鋳の歴史的な検証を行うことで、アベノミクスの正当性を世の中に示そうというわけです。

この目的のもと、荻原の施策の再検証や、大恐慌後の高橋是清《これきよ》の国債引き受け政策の正当性などがマスコミをにぎわすようになりました。

荻原の行った貨幣改鋳の末路や、高橋是清の国債引き受けが軍部によって止められなかった経緯をみると、今の日銀の政策の危うさ、並びに日本の行く末を暗示しているように思います。マネーを多く印刷すれば経済問題は解決するという考えは危険ですし、結果的にはインフレを止められなくなるということです。

マネー印刷は一種の麻薬です。それを行えば景気は確かによくなるし、様々な問題も一時的には解決します。しかしそのような安易な状況を放置するような風潮が蔓延《まんえん》すると、天変地異ではないですが、強烈なしっぺ返しが天から降ってくるようです。

私は天罰が下るなどとは思いませんが、純粋に現在の借金状態は続かないということを、日本人全体が冷静に受け止めることが重要だと思っています。元禄時代の流れと現在が酷似していることには驚かされますが、日本の行く末も元禄時代のように、止まらないインフレに向かう一里塚に過ぎないという、冷めた見方をする必要があると思います。

日本の借金1000兆円、高齢化による社会保障費の拡大、人口減少、そして昨今の貿易赤字の定着化、輸出競争力の低下等々、どれをとっても混乱なしに収まっていくとは思えません。日銀が量的質的緩和というマネー印刷だけでこの苦境を乗り切れると思うのは、あまりに虫がよ過ぎるのです。

激烈な時代であった元禄時代の16年間のように、今の日本は大きな過渡期に向かっていると思います。歴史は繰り返すということの証左《しょうさ》として、インフレの爆発という形で現在の日本に襲いかかってくることでしょう。

安倍首相や黒田日銀総裁に対する評価も「正しい」「正しくない」という単純なものではなく、荻原重秀がそうするしかなかったように、時代の必然が求めた役者のような気がしてなりません。政府も日銀も一生懸命に自分たちの責務を果たそうとしていますが、1000兆円に膨らんだ借金を返す手段はないと思います。これは極めて常識的な判断です。

苦難が来ることをいいこととは思いませんが、来ない保証はどこにもありません。ただ私は、日本人は苦難を乗り越える力を持っていると信じています。

渋沢敬三はなぜ預金封鎖をしたのか

現在の黒田総裁で日銀の総裁は31代目となりますが、16代日銀総裁だった渋沢敬三《しぶさわけいぞう》ほど、波乱と混乱期の中で仕事を成し遂げた経済人もいないでしょう。

戦中、戦後という未曽有の混乱期に大役を引き受けたという巡り合わせもあると思いますが、その激しい時代に行われた大胆な仕事ぶりについては、現在も評価が分かれるところです。

まずは戦中、戦後の渋沢敬三の仕事ぶりと、当時の日本の激しい混乱ぶりを振り返ってみましょう。

渋沢敬三は「日本資本主義の父」と言われた、渋沢栄一の孫です。渋沢は太平洋戦争の最中、1944年に日銀の副総裁に就任しました。そして敗戦のムード漂う1944年3月、第16代の日銀総裁に就任。当然この時代は国家を挙げて戦争に立ち向かっているわけですから、経済政策というよりはいかに戦争に勝つか、そのために日銀はどうあるべきか、ということが至上命令だったと思われます。

当時の日銀は軍部からの強い圧力を受け、赤字国債の引き受け、日銀貸し出しによる軍需産業資金の供給など、軍部の意に沿った金融政策を行っていました。

戦争中ということもあり、結果的に激しいインフレを招いています。当時の渋沢の意向はわかりませんが、時代を考えると、軍部の意向に従うほかに選択肢はなかったのでしょう。

戦後に幣原喜重郎《しではらきじゅうろう》内閣が発足したとき、幣原首相は渋沢に大蔵大臣就任を要請しましたが、渋沢は固辞。自分に課せられるであろう仕事の難しさを重々わかっていたのでしょうし、日銀総裁として戦争に加担したという反省もあったはずです。

しかしながら、幣原首相の度重なる就任要請に対して、最終的には「戦中に日銀総裁として時の政府や軍部に屈した自分を罰する覚悟で引き受けた」ということで承諾したのです。

当時は戦後の大混乱期であり、市中に出回っている円紙幣は相当な量でした。アベノミクスのお手本といわれる、当時の大蔵大臣だった高橋是清の国債引き受けによるインフレ政策は有名ですが、やがて是清は国債引き受け政策が限界にきたと思い、財政再建という政策転換を図りました。それが軍部の怒りに触れて2・26事件が起き、是清が銃弾に倒れたのは1936年のことです。

この後の日本財政は歯止めを失い、日銀のマネー印刷は際限なく行われるようになりました。この翌年の1937年末の段階で日銀券の発行量は21億6000万円ですが、終戦後はさらにマネーの洪水状態となり、その額は600億円となりました。戦争を挟んだとはいえ、膨れ上がったマネーは8年で28倍と驚くべき供給量になっていたのです。

終戦後は物資が少なく、工場などは破壊されていて供給力が極端に不足しているのですから、インフレが加速するのは当然です。

そして大蔵大臣となった渋沢は、インフレを止めるためにGHQの力を借りながら、一気にマネーを強制的に吸収する手法を取ったのです。

1945年12月3日、渋沢は国会で「新様式の日本銀行券を発行し、現銀行券と強制的に交換せしめる措置を講ずる所存である」と発言。11月26日の記者会見に続き、新円発行の実現について決意をみせました。渋沢にとって、マネーの際限のない印刷という戦時中の誤った金融政策の後始末を、自らの手で行うという決意表明だったのでしょう。

これらの発言は、国民に多大な影響を与えました。渋沢の発言や国の動きから経済の動きを予測した国民は、止まらないインフレの到来を予感して、日用品など物の買い占めを始めたのです。と同時に、「預金などしていたら大変なことになる、預金はすべて引き出そう」と我先にと預金を引き出し始めたので、それがさらにインフレに拍車をかけました。

そして1946年2月16日の夕方、渋沢はラジオを通じて、「預金は生活を維持するために必要な資金のほかは当分の間、自由な引き出しを禁じる」と発表。預金封鎖が実現した瞬間でした。翌日の新聞には、「けふから預金封鎖、預金引き出しを制限、新円発行」という記事が載ったのです。

渋沢はこれだけの厳しい政策の実施にあたり、自らを律することも忘れませんでした。戦争に続いて国民に苦難を強いる政策を遂行するためには、まずは自分から範を示さなければなりません。渋沢は当時敷地面積5000坪、部屋数33室という豪邸に住んでいましたが、これを率先して物納し、4畳半のボロ家に引っ越したのです。大蔵省の職員たちはこの行動に猛反対し、渋沢に「一時的に渋沢の豪邸を大蔵省が買い取り、その後買い戻してはどうか」と提案したのですが、聞き入れなかったということです。渋沢は、「私は財産税を考案して国民を苦しめた。その私がそんなことをするわけにはいかない。私は真っ先に献納《けんのう》する」と言って自宅を差し出したということです。

戦中の日銀総裁、並びにその後始末を任された戦後の大蔵大臣という役職の重さを考えると、渋沢としてはこれしか選択肢はなかったと思われます。渋沢は時代の勢いに流され、翻弄《ほんろう》されてきたわけですが、自らの責務を果たす覚悟はしていたのでしょう。

「ニコニコしながら没落すればいい。いざとなったら元の深谷《ふかや》の百姓に戻ればいい」

これだけの大仕事を行うにあたって、渋沢の腹は決まっていたのです。

一方で、戦後の混乱期の経済の動きは、現在の状況に当てはめると、非常に参考になります。

当時、多くの日本人は、実質的に預金封鎖やインフレによって財産を奪われました。戦争が終わり、復興に国全体が一丸になって取り組んでいくところで、人々は希望を大きく持っていたと思います。反面、職がないという戦後の混乱期で、その日を暮らしていくのも精一杯だったことでしょう。

そんな中でも賢い日本人は、渋沢の記者会見や国会での答弁を聞きながら、国の今後の帰結として、預金封鎖なり新円への切り替えが起こらざるを得ないと感じたことでしょう。

そして、その混乱期にあって、「預金をしていてはまずい、お金は物に換えなくてはならない。やがて政府は戦争のつけを取り返すために強権を発動してくるだろう。戦時国債などは返せるわけがないから紙くずも同然。敗戦国が国債を償還できるわけがない」と思ったはずです。

渋沢の言動を信じつつも、「今後はインフレが止まらなくなるのは必至だ」と考えたと思います。

こうして目ざとい人たちは、当時のような厳しい混乱期にあっても、資産や現金を次から次へと物に換えていったに違いありません。闇市の缶詰などを大量に買い込むことは最も簡単で、誰でも思いつくインフレ対応策だったはずです。

このように、止まらないインフレの到来を予期して準備していた人たちは、その後の預金封鎖をチャンスとし、戦後の混乱期に自らが経済的に這い上がれる機会をものにしたに違いありません。

一方、経済やお金に無頓着だった人たち――これが当時の大多数の日本人だったと思いますが――は、「預金封鎖の後も預金がなくなるわけではなく、しばらくの間待っていれば戻ってくるのだから心配することはない」と思っていたのです。この間、インフレの亢進はすさまじく、多くの日本人は実質的に財産を失いました。

戦後、インフレと預金封鎖で財産を失ったという声は、今でも悲惨な事実として各方面から伝えられています。インフレの到来を予期して準備した人と、何も考えなかった人では、後の人生において天と地ほどの差がついたのです。この差は現在も、十分に教訓とすべき歴史的な事実でしょう。

今年の3月25日の日経新聞の社説「春秋」に面白い記事が掲載されていました。渋沢のことが書かれています。

引用しますと、「太平洋戦争末期の日銀総裁、渋沢敬三は多才な人だった。日本資本主義の父とされる栄一を祖父に経済界で活躍するかたわら、標本や民具を集めて屋根裏博物館を設けた。民族、社会、人類、考古といった人文科学の連携を提唱し、私財を投じて数多くの人材も育んだ。魚名研究にも没頭した。蔵相時代には、生物学者だった昭和天皇と魚を巡り長く歓談した。あとで天皇が側近に『渋沢は何を本職にしている大臣かね』とたずねたという。学術研究への評価は高い。が、日銀総裁としては軍のいいなり、お札を無制限に刷り物価高騰を招いたと批判されてきた。いまの黒田総裁の学識も幅広い。経済学は英国仕込み、難解な哲学や数学にも詳しく、大学で教えた経験も豊富だ。文楽ファンで歌舞伎にも造詣が深い。学者肌は渋沢に通じるかもしれない」としています。

このコラム記事は渋沢と黒田総裁をダブらせているわけですが、置かれた経済環境が酷似していることには驚かされます。この二人は同じような数奇な運命をたどるような気が私にはするのです。

第3章

中国やインドはどうなるのか

爆弾を抱える中国経済

「今日の世界が直面している最も重要な不安定要素は中国だ！」

世界的な投資家、ジョージ・ソロスは国際NPO（プロジェクト・シンジケート）のウェブサイトへの寄稿文で述べました。

ソロスは現在の中国について、「中国当局の政策には解消されていない自己矛盾が存在している。不況であえぐ鉄鋼業の溶鉱炉《ようこうろ》を再開させたが、これは負債の急激な拡大を再発させることになる。そしてこのような政策は、2年以上持続できるものではない」と断じたのです。

リーマンショック後、中国は史上まれにみるような、大規模な経済政策を発表、日本円にして60兆円にも及ぶ公共投資を敢行しました。それだけでなく、地方政府に号令をかけ、ありとあらゆるインフラ事業や不動産投資を奨励しました。

これに乗った地方政府は融資平台（プラットホーム）という投資会社を設立、ここに銀行から未曽有の資金を提供してもらうことで、大規模な公共投資や不動産開発を続けてきたのです。

高速道路や鉄道、橋、空港、駅、ショッピングセンター、マンションなど、中国は全国的な開発を行ってきました。それはリーマンショックで傷ついた世界経済に潤いを与え、その回復に大きく寄与してきたのです。

2008年から始まった開発ラッシュは、中国を世界第2位の経済大国に押し上げ、不動の存在に持ち上げてきたことは疑いありません。

ところが、いわゆる借金をして道路や橋や鉄道やマンションをつくる手法も、永遠に続けられるわけではありません。つくった橋を誰も通らなければ、収益をもたらしません。高速道路や高速鉄道も、建設費に見合っただけの利用がなければ同じです。

日本でいえば北海道の原野に新幹線をつくったところで何ももたらさないのと同じです。バブル時に「本四架橋」といって本州と四国を結ぶ橋を3本もつくりましたが、これは需要見通しを見誤ったようで、この3本の橋は収益をもたらさず、現在は地域周辺のお荷物となっています。

中国では開発ラッシュでマンションが山のように建てられましたが、大都市周辺以外のものは人が入らず、ゴーストタウンのようになってしまったところが津々浦々に存在しています。

このような状態になっても、GDPを成長させるだけ、つまり数字上の経済成長を目指すだけなら、今までと同じように人の通らない道路や橋、鉄道やマンションをつくり続ければいいわけです。

しかし、そのような無駄な投資を続けていれば、そしてそれが借金で行われていれば、やがて限界に突き当たります。これが今の中国が直面している構造的な問題なのです。

そもそも中国は中央集権的な官僚国家ですから、国も地方も官僚が支配しています。

中国ではすべての土地は国家のものですから、国家が利用方法を決めていくわけです。その国家の代理として地方政府が大規模な土地開発を続け、地方官僚が音頭をとって開発を行っていくのですが、何しろ経済成長至上主義ですから、この権力を持った官僚の出世は、経済成長率（GDP）の大きさで決まってくるわけです。

こうして地方の官僚たちは、「GDP崇拝」にのめり込んでいくわけです。中国ではすでに共産主義の理想など誰も論じることはなく（実質拝金主義が横行していると思えばいいでしょう）、官僚の世界ではすべてを犠牲にしてでも、経済成長こそが尊ばれるのです。そしてこれが、昨今PM2・5の問題のように、環境を破壊し続ける中国の現状だと言っていいでしょう。

かように地方官僚の昇進は経済成長を遂げたか否かにかかっていますので、官僚たちは無理をしてでも成長を目指そうとします。その結果、借金を重ねて債務の山をつくりながらも、公共投資にまい進することになるのです。

自己矛盾の壁にぶちあたっている中国

ＰＭ２・５の異常な拡大により、明らかに国民に被害が出てきているので、さすがに中央の共産党政権も危機感を抱きつつあるようです。

２０１３年末に行われた中央経済工作会議（年に一回開かれる、中国の経済運営の方針を決める最高レベルの会議）では、今年度の方針として「市場重視の改革を行う元年」と規定するとともに、「環境配慮」も打ち出してきました。

しかしソロスも指摘しているように、中国当局も自己矛盾に陥っているようです。仮に環境に配慮して成長減速を許せば、不景気に陥りかねません。

それが誰にでも許容できるものならいいのですが、何しろ中国はこの20年以上にわたって不況らしい不況を経験していないのです。国民、特に若い人たちは不況の何たるかを知らないと言っていいでしょう。このような状態でいきなり不況になれば、中国国民はパニックになって、国内の混乱が治まらなくなる可能性もあります。

一方で、成長至上主義からは簡単に脱することはできません。普通、先進国でも経済成長の目標を設定しますが、それはあくまで目標であって、何が何でも死守するというものではありません。

そもそも経済活動は生き物ですし、自国の中だけで経済が完結しているわけではありませんし、他国の状況や世界的な状況、為替レートなど、様々な外的な条件に経済の成長速度は左右されます。ですから経済成長の目標はあっても、それを絶対的なものとはしません。

ところが中国は違います。中国当局が成長率を発表すれば、いつの間にかその数字は一人歩きを始め、絶対に死守すべき成長率の下限に化けてしまうのです。ですから中国の経済統計は、常に判で押したような予想通りの数字が出てくるのです。

このような計画経済は、中国経済の規模自体が小さかった時点では目標達成が可能だったと思いますが、世界第2位の規模にのぼり詰めてしまった今では、計画通りの成長率を達成するということ自体に無理が生じてきたと言えるでしょう。

中国の人口問題は日本よりも深刻である

すでに中国は内部に様々な深刻な問題を抱えています。シャドーバンクの問題もその一つですが、もう一つ、人口構成や労働人口の減少も大問題です。

人口構成でみると、これまで行われてきた「一人っ子政策」のため、男子を好む傾向が強く、胎児が女子とわかったときに堕胎など強制的な処置が行われることが跡を絶ちません。その結果、生まれてくる女子と男子の比率は女子5人に対して男子6人という、いびつな比率となっています。これでは正常な社会は構成できません。

また中国人女性一人が生涯に産む子どもの数は1・18で、日本の1・4よりも少ないのです。しかも北京や上海のような大都市ではこの数字は1を割っているのです。一人っ子政策で子どもを減らすどころか、今すぐにでも子どもを増やす政策をとらないと、深刻な事態が生じることになります。

ところが最近は、一人っ子政策が解除されたとしても、子どもを増やしていけるような雰囲気ではないのです。教育にあまりに大きな資金がかかり過ぎるからです。日本や韓国など国が豊かになると、少子化傾向が強まるワケですが、最近の中国も同じです。

国営新華社通信によると、北京で子どもが生まれてから大学に入るまでの必要な費用を276万元（約4600万円）と試算しました。平均的な所得の両親にとって、23年間飲まず食わずで働かなくてはならない金額なのです。これでは簡単に子どもも産めません。

労働人口（働き手）の減少も始まりました。15歳から59歳までの労働人口の推移をみると、中国ではこの数が2011年は約9億4100万人だったのですが、2013年には9億37

00万人となり、ついに労働人口の減少が始まったのです。

高齢化の進展も激しく、今の傾向がそのまま続くと、現在1億人と言われる中国の65歳以上の人口は、2030年までには現在の3倍の3億人に達します。ところが中国には老人ホームなどの介護施設はほとんどありません。一人っ子政策で子どもは一人ですから、子どもが一人で両親の面倒をみるのも大変です。

日本も持続不能でお粗末な社会保障制度ですが、中国における社会保障の問題には、日本をはるかにしのぐ深刻さがあるのです。

このようにみていくと、「(中国経済は)あと2年は持たない」と指摘するソロスの警告は言葉通り深刻に受け止めるほうがいいでしょう。

シャドーバンクの問題に当局が自ら手をつけて解決する時期は、おそらくもう過ぎてしまったと思われます。シャドーバンク問題の不良債権処理に取りかかれば、大混乱を招くのは必至ですので、やむなく当局は静観を決め込み、人民銀行を使ってその場限りの資金供給を続けています。

まさにソロスの言う持続不可能な政策を続けているのです。ソロスの警鐘は、そのまま中国の実体を知る国際金融の中枢からの警鐘と思っていいでしょう。

年初から下げの止まらない中国の株式市場ですが、いよいよ2014年中に世界を驚愕させるようなショックを引き起こす可能性が高いと言えます。ソロスはいずれ、現在の指導部が改革に失敗して、中国国内で混乱が生じることを予想しています。

そしてそのときには、「国内では政治的な弾圧を引き起こし、国外では国民の不満を外に向けるため日本との軍事的な対立を引き起こす」と予想しているのです。

一方、日本にもたびたび訪れ、毎年「世界の10大リスク」を発表している米調査会社ユーラシア・グループのイアン・ブレマー（「Gゼロ」という新しい概念を主張し、国際政治の力の空白の懸念を指摘している）は、２０１４年のリスクの一つに中国を挙げました。

そしてブレマーによれば、「改革を進めている現在の中国政府が、改革を成功させるか失敗させるかは微妙だ」ということです。そして仮に中国の改革が失敗した場合、中国国民の反日感情を利用し、尖閣の摩擦が激化することを予想しているのです。

中国バブルの崩壊で商品相場は大混乱となる

２０１４年になって商品相場が堅調です。

世界全般を見渡しても、商品市場の上昇がいつになく目立ちます。

特に2013年来、商品市場は「スーパーサイクルの終焉」と言われ、中国経済の減速とともに歴史的な上昇相場は転機を迎え、今後、商品相場には冬の時代が到来すると言われてきました。

現に商品相場は2013年、5年ぶりに年間を通して下落、石油や銅、アルミ、穀物、そして金相場までも値を下げ、相場の下降トレンド入りがはっきりしていたのです。

代表的な指標となるWTIの石油相場は、2013年中100ドル割れが定着していました。また金相場も13年ぶりに年間を通じて下落となり、明らかに相場のトレンドが変化したことを感じさせたのです。

ところが2014年になって、冴えない株式市場を横目に、商品相場は年初から高パフォーマンスをみせています。いったい商品の「スーパーサイクルの終焉」とは単なる杞憂《きゆう》だったのでしょうか？　それとも今年になってからの商品相場の上昇は単なる一時的な動きであって、大幅な下落はこれからやってくるのでしょうか？

結論を言うと、私は中国経済の混乱から、商品相場の波乱は免れないでしょう。そして現在の世界的な均衡は長くは続かず、やがて混乱に至ると思っています。

米国のFRBをはじめ世界中で紙幣を際限なく刷ってきたツケは、やがて世界的なインフレを引き起こすに違いないと思っています。特に日本のように国家の借金が天文学的な水準にまで達してしまった国は、この借金をインフレの到来なしで片づけるのは不可能なのです。

だからこの金融的な大変動に備えるために、実物である株式に資産を移すべきと主張してきました。

一方で、昨今の中国経済の救いようのない矛盾を目にするにつけ、中国経済のハードランディングは避けようもなく、この中国経済に深く起因する新興国全体の経済や商品相場は、収拾のつかない状態に陥ると考えてきました。

そういう意味では2014年初頭からの商品相場の上昇は、単なる綾戻《あやもど》しに過ぎず、やがて中国経済の問題勃発とともに生ずる世界的な混乱は不可避と思います。

商品の「スーパーサイクルの終焉」は、2013年初頭から、主にシティ・グループやゴールドマン・サックスのレポートで頻繁に指摘されてきました。

特に2013年5月のバーナンキ前FRB議長の量的緩和縮小のアナウンスから、新興国通貨や世界的な株価の波乱が起こり、新興国から先進国への資金の移動が大規模に生じるようになってきました。

このような中で、新興国の先行きに悲観的な「スーパーサイクルの終焉が現実化する」とのレポートが信憑性《しんぴょうせい》を帯びてきたのです。

米国で量的緩和縮小となれば、資金は高金利を求めて米ドルへと回避し始めます。そうなれば資金不足に陥る新興国経済の鈍化は必至で、これをきっかけに新興国経済の減速は止まらなくなると懸念されてきました。

一方で新興国におけるマネーの劇的な逃避だけでなく、新興国には新興国自身が持つ要因から、歴史的な経済減速の過程に入っているという見方も大きかったわけです。それが新興国の持つ構造的な問題であり、その大本は中国経済の減速からくる、商品需要の落ち込みなのです。新興国経済はその成長を、あまりに資源に依存し過ぎてしまいました。

このように新興国には資源依存という構造的な問題があるとともに、米国発の量的緩和縮小による投機資金の逃避が現実となってきたために、一気に経済が苦境に陥る流れが生じたというわけなのです。

商品市場の高騰はこうして始まっていた

商品市況の世界的な下落の謎を解くためには、2000年以降の世界経済の動きを振り返る必要があるでしょう。

キーワードは「中国の勃興」です。1990年代までは世界の経済は日米欧を中心とした先進国を中心に回っていて、中国やインドなどの人口の多い国は、世界経済の主だったプレーヤーとはなっていませんでした。

そうした先進国中心の経済活動の中で当時、商品相場は長期的な低迷にあえいでいました。WTIの石油価格は1バレル当たり20ドルにも達していませんでした。また金相場は1トロイオンス当たり250ドルでやはり安値、そして鉄鉱石の相場なども1トン当たり12ドル前後だったのです。

インフレを抑え込み、順調な経済回復の中にあった先進各国において、商品価格は低迷し続け、永遠に上昇することはないかのように思われていたのです。

ところが2000年に突入してから、世界の情勢は一変します。人口大国である中国、インド、ブラジルの勃興が始まったのです。

特に中国の経済発展は、目を見張るものがありました。年々2ケタの経済成長を遂げてきた中国が、WTOへの加入とともに大発展期に突入し始めたのです。1989年の天安門事件当時は皆同じ人民服を着て、皆自転車を乗り回していたのが嘘のように、中国に急速な経済発展が起こってきたのです。

中国にとって2000年から2010年の間は、経済が劇的に飛躍する黄金期に当たっていたと思われます。そしてこの間、中国は世界中から資源という資源を買い漁《あさ》りました。まさに中国による資源の暴食が始まり、当然のことながら資源価格はうなぎのぼりとなっていったのです。

中国の資源輸入の拡大は、留まることがありませんでした。輸入額は世界を席巻し、2000年からの10年間で、鉄鉱石では輸入額が40倍、銅は16倍、石炭に至っては250倍と、とんでもない額の購入となっていったのです。

これらの歴史的な動きが、商品市場や商品の供給を手掛ける新興国に大きな恩恵をもたらさないはずはありません。資源を大きく有しているブラジルや南アフリカ、ロシアなどは、中国の発展の恩恵を大きく受け、ともに経済が拡大してきたのです。これが「ＢＲＩＣＳ」の台頭でした。

国が富むためには、初期の発展段階でインフラの整備が最重要になります。現在のミャンマーなどが典型ですが、まず道路をつくり、橋をつくり鉄道で結び、空港を整備します。国の基幹となるインフラ整備は最も重要で、第一に着手すべき工事です。

インフラ事業には当たり前のことですが、膨大な量の鉄や銅が必要になります。ましてや中国のような国土も広く、人口を13億人も有する国が本格的にインフラ整備を行うとなれば、その需要は強烈です。日本列島改造論で潤った日本の比ではありません。

突貫工事は日夜留まることなく、中国全土で行われ続けたといってもいい状態でした。人口1億の日本や人口3億の米国とはわけが違います。

人口13億の中国と12億のインドがほぼ同時に動き出したことによって、鉄や銅がいくら消費されても不思議ではなくなったのです。こうして、商品の「スーパーサイクル」が2000年から動き出したわけです。

またこの商品市場の動きには、ほかの商品にはない特有の動きがあったのです。それは鉄鉱石や銅、金、銀（やアルミや亜鉛や鉛）など商品の持つ特性によるものです。

鉄鉱石や銅、金や銀は供給不足になった場合、鉱山を開発しなければ、手に入れることはできません。鉄鉱石が不足したからといって、工場でつくれるわけではないのです。まず鉱山を開発しなければなりません。そしてさらに鉱山までの道路を整備し、取り出した商品の運搬経路を構築する必要があります。これら商品の生産は、基本的な環境が完全に整ってから可能となるのです。

こう考えると鉱山の探索、調査、開発となると短期間で終了するはずもなく、単純に考えても1年や2年で完結できるものではありません。石油の掘削、鉱山の開発ともなれば数年、あるときは数十年単位のプロジェクトとして計画し、開発する必要があるわけです。このような商品の持つ特有の性質が相場の形成に影響を与えるのです。

商品相場の特徴として、需要が拡大してから、その需要拡大に気づいて開発していくまでのタイムラグが非常に長い、つまり、すぐに需要に供給が対応できないわけです。

2000年から中国、インドをはじめとして新興国の勃興が始まった後、商品価格の上昇をみて急速に鉱山開発ブームが起こり（今でもその開発ブームが続いているわけですが）、その間、需要と供給のバランスが長期間にわたってマッチしていませんでした。

ときには、情勢の変化でとんでもない大相場になって、商品によっては値上がりが青天井のような状態に至ってしまうわけです。そしてその後も乱高下が続きます。

このような事態が2000年以降、石油や鉄鉱石や銅、石炭の相場に起こったと考えればいいでしょう。

その背景には中国をはじめとする新興国による商品需要の膨張があり、それを元に、まさに「スーパーサイクル」と呼ぶにふさわしい歴史的な商品相場上昇の流れが起こったのです。

「中国ショック」による商品市場の暴落は近い！

ところがここにきて中国経済の先行きに懸念が生じてきました。中国経済の減速が明らかになってきたのです。

そうなると、今までの商品の「スーパーサイクル」を引っ張ってきた柱がなくなってしまい、商品相場も無傷でいられるわけがありません。

中国のシャドーバンクの問題は深刻で、このまま膨大な額に膨れ上がった理財商品がすべて償還されるとは思えません。まさに中国は、不動産バブル崩壊直前の危機に瀕していると思われます。

危機が起こるその直前まで市場は平穏なものです。リーマンショックの前もそうですし、日本のバブル崩壊の直前も、その直後も多くの人々は楽観的でした。そこに至る長い好況に人々が慣れきっているからです。しかしながら危機はある日突然襲ってきても、その前には危機に対する前触れ、兆候というものが必ず現れているのです。

中国発のショックで商品相場が大きく混乱するときがあるとすれば、その兆候がところどころに現れているはずで、それが現在の新興国経済の不振や中国元の下落、そして中国からの資本逃避、中国各地での不動産価格の下落の始まりであると思われます。

また、いっこうに上昇しないオーストラリアドルやブラジルレアル、そして2007年の高値から3分の1の水準に低迷している上海株式市場なども、中国危機が訪れることを暗示していると思います。

ゴールドマン・サックスは2014年1月12日のレポートで、「過去10年でほぼ4倍に上昇した商品相場のサイクルが反転しつつあり、いずれ構造的な弱気相場に突入する」として商品相場に警鐘を鳴らしています。

このレポートは同時に、「シェールオイルの生産の伸びによって、米国のエネルギー価格は低水準を維持、結果的に経済成長の加速と政府の景気刺激策のさらなる縮小につながる」としています。

ここが面白いところで、中国経済の凋落《ちょうらく》による商品市況の悪化は、外国経済に依存しない米国にとっては資源価格の下落という恩恵をもたらし、ひいては米国経済を正常化し、量的緩和縮小という流れを加速させる。したがって中国経済の凋落は決して悪いことばかりではない、ということを指摘しています。むしろ商品価格の下落が米国経済を強くさせるのです。

米国ではシェール革命によって、エネルギーは自前でまかなえるようになります。そうなれば中国経済の減速と相まって、新興国の商品への需要はさらに後退するでしょう。

これは新興国通貨の下落を引き起こし、新興国は予算不足となって、さらなる資源増産に追い込まれるはずです。

新興国はこうして悪くなった経済を立て直そうと、さらに資源を安値で売るために増産するという悪循環が生まれてくるのです。こうなると今までの商品の「スーパーサイクル」どころか、「スーパーサイクルの（動きの）逆転」が生じてくるというのです。

ゴールドマン・サックスは1月21日に追加的なレポートを発表、「鉄鉱石の時代は2014年から終わりを迎える」としました。そして5月20日のレポートでは、鉄鉱石の供給過剰が従来の予想よりもさらに拡大しているとして、来年の値段の予想を引き下げたのです。

その理由として、中国経済の減速により粗鋼生産が減る一方、中国の需要を見越して開発してきたオーストラリア最大の鉄鉱石生産企業、リオ・ティントの新規鉱山の生産が本格化することを指摘しています。

需要が減る傾向なのに、供給が新たに増えるのでは、値段が下がるのも当然です。ゴールドマン・サックスは、来年の鉄鉱石相場について、1トン当たり100ドルを割って80ドル台へ下落するとしています。また金相場については、1トロイオンス当たり1000ドル割れを予想しています。鉄鉱石相場は5月末現在でゴールドマンの予想通り100ドル割れとなりました。6カ月連続の下げで、過去最長の下降局面です。

世界は限りなく紙幣を印刷していますし、このまま世界的なデフレ状態が永遠に続くとは思えません。世界の総人口は増え続け、資源は有限ですから、いずれ商品価格は上昇に転じることでしょう。

しかし現在、中国経済の問題が表面化するときが近づいているものと思われます。となると、ここからは商品相場の波乱は免れないでしょう。

リーマンショック時、WTIの石油価格は149ドルから30ドル台にまで暴落したのです。現在の商品市況はそれほどバブル化してはいませんから、リーマンショック時のケースは当てはまらないかもしれません。しかし、中国の混乱が商品市場に劇的な変化をもたらすことは否定できません。

ジョージ・ソロスの指摘通り、これからの世界経済最大のリスクは間違いなく中国であり、中国の混乱は商品価格を直撃し、資源に依存してきた新興国に壊滅的な影響を与えるでしょう。

崩壊寸前の中国不動産バブル

「不動産市場の下落は〝もし起きたら〟という段階ではなく、〝どれだけ激しくなるのか〟という問題だ！」――野村證券の中国担当アナリストは、中国の不動産バブル崩壊の危機について、深刻な見方を示しました。

それによれば、中国26省のうち4省で第1四半期の不動産投資がマイナスに転じ、その4省のうち黒竜江《こくりゅうこう》省と吉林《きつりん》省ではマイナス幅が25％を超えてきているというのです。そしてこの傾向がほかの省に連鎖していくのは必至の情勢というわけです。

中国の不動産バブルの問題は指摘されて久しいのですが、ここに至るまでいっこうに深刻な問題は発生してきませんでした。

しかし、1990年にバブル崩壊を体験している日本人の目からすると、中国各地で人の入らないマンション群が山のようにできて、全国各地に「鬼城」と言われるゴーストタウンが乱立してきた現状をみるにつけ、「中国の不動産バブルの崩壊は時間の問題」と思っている人が多いと思います。

巷《ちまた》では尖閣を巡る日中関係の悪化から「中国崩壊」「日中再逆転」など、中国経済の危機を論じている本が山積みになり、中国経済がこのまま順調には推移せず、深刻な状況に陥っていくだろう、という見方は日本人の多くの人たちが共有していることと思います。

日本では1990年のバブル崩壊から経済が壊滅的な状況に陥ってデフレ状態となり、20年以上経った今も、その状態からの脱却に苦しんでいます。

いったい中国にかつての日本のような経済的な苦境が襲ってきた場合、中国国内はどうなるのか、共産党政権は維持できるのか、大きな懸念が湧いてきます。

そして、それとともに、中国にはこれも常に指摘されている「理財商品」や「信託」と呼ばれる金融商品の問題があります。

今年から中国当局はこれらの金融商品の一部について、実験的にデフォルトを許容するようになりました。仮に自由な市場原理に従ってデフォルトを許容し、なおかつ、今恐れられている不動産バブルが崩壊するケースとなれば、不動産投資に大量に資金を投下し続けた理財商品や信託などの高利回り商品は焦げつきます。

結果的にこれらの金融商品のデフォルトが次々と発生して、金融市場は収拾不能に陥っていくことでしょう。そうなると中国当局は重大局面を迎えることになります。不動産市場や株式市場などの大きな市場を、国家が完全にコントロールすることは不可能だからです。

「バブルは終わってからバブルとわかる」とグリーンスパン元FRB議長は述べていましたが、崩壊したバブルほど手がつけられないものはありません。

中国当局は現在まで日本や米国を精査し、資本主義の問題や為替のメカニズム、バブルの発生と崩壊などの歴史を徹底的に分析して、中国国家の理想的な発展を目指してきました。

中国を引っ張ってきた共産党の政策は、大まかに言えば中国を順調に発展させ、経済的な成功に導いてきたと言えるでしょう。しかし市場経済においては繁栄が長ければ長いほど、そのツケとしてバブル崩壊などのショックが大きくなるのは避けられないのです。

日本のバブル崩壊や米国のリーマンショックなど、好況後の壊滅的な危機到来は、市場経済の持つ「宿命」のようなものです。その発生を予見して事前に克服したケースは、皆無と言っていいでしょう。

不動産が上がると思えば限りなく不動産に投資する、株が上がると思えば行き過ぎた投資を行ってしまう。今の中国で「元本が割れずに償還されるのであれば、それは永遠に続くのだから」と、高利回りの理財商品や信託にいくらでも資金をつぎ込んでいくといった投資方法は、万国共通にみられる人間の投資スタイルで、これはバブル崩壊などの手痛い体験をしないと、やめることができないのです。人間の行動が行き過ぎてしまうのは一種の「性《さが》」のようなもので、誰も止めることはできないし、市場や相場の行き過ぎなども、いったいどこが天井であるのか、誰もわからないのです。

「大きく上げて大きく下げるバブル」が発生しては崩壊し、それとともに景気が循環していく。バブルが先で景気がよくなるのか、景気がよくなってバブルが発生するのか、鶏が先か、卵が先か、市場と経済の関係が複雑に絡み合い、わかりづらくなっています。

こうした市場経済のあだ花である「バブル」が、長い記録的な経済成長を続けてきた中国に起こらないはずがないのです。

中国で不動産の取引量が激減している

また、昨年末まで上がり続けた中国都市部の住宅価格も、今年に入ってから変調がみられます。極端な取引量の減少が始まってきたのです。

今年1月の北京、上海などの主要都市を含む全国43都市のうち、37都市において1月の住宅成約件数は前月比で激減しました。

北京は36％減、上海は30％減、大連は53％減、深圳《しんせん》は44％減という有り様だったのです。値段の下落は報告されていませんでしたが、この時点でまず取引が激減してきたことがわかりました。この取引量の激減は、市場が天井を打ったケースでよくみられることです。これが大きなサインでした。

これらの動きには「昨年末売れ過ぎた一時的な反動」という見方もあったのですが、最近出てきた1～5月期の統計数字をみると、明らかに中国全土で不動産市場が変調を来していることがわかります。

中国の国家統計局は不動産販売額を発表していますが、それによると、1～3月期の販売額は前年同期比で5・2％の減少、さらに1～5月期でみてみると、前年同期比で8・5％の減少となるのです。

いかに販売額減少が加速しているかがわかります。それだけではありません。1～3月期の未販売物件は、前年同期比で23％も増加、在庫が急上昇しているのです。

また5月12日の中国の財政省の発表によりますと、4月の不動産関連の税収も大きく減少。不動産売買に応じて徴収する営業税が4・2％減少、同じく不動産会社からの企業所得税も3・1％減少したということです。財政省はこの原因について「景気減速による住宅販売の落ち込みがきいていて、住宅販売額が下落したことが影響している」とコメントしました。当局としては初めて全国的な不動産市況の変調を認めた形です。

これを受けて、「中国当局が景気対策に打って出る」という見方が出てきて、株価が動いてきました。しかしそんな簡単に、不動産市場の下落の勢いを止められるものでしょうか？

中国の不動産市場が活況だったのは、リーマンショック後に4兆元の景気対策を打ち、それを全国的に広げてインフラ整備にまい進したからです。ある意味、中国経済の拡大が、リーマンショック後の世界的な景気回復の牽引車《けんいんしゃ》となっていたのです。

公には4兆元の景気対策でしたが、実際は中央政府が音頭をとって、地方に対しても積極的なインフラ整備を奨励しました。中央政府は国営銀行を通じて徹底的にインフラ投資のための融資を奨励、地方政府もその要望に応えました。まさに官民挙げてのインフラ投資へのまい進だったのです。結果として2009年以降は中央政府、地方政府、企業合わせて約150兆元、日本円にして2500兆円という未曽有の投資を行ってきたのです。

こうして中国は世界中の資源を買い漁り、たゆまぬインフラ投資、設備投資、不動産投資のオンパレードを続けてきたのですが、これらは主に借入金でなされてきました。

JPモルガンのエコノミストによれば、こうした借入金による投資の結果、中国政府、企業、家計の債務は急速に膨らみ、2012年には対GDP比で187%となり、2000年の105%に比べて急膨張したのです。

これを日本のバブル時の債務の増え方と比較すると、日本のケースは1980年の127%から1990年の176%への拡大で、この点だけを比較すれば中国では、日本のバブル時を上回るような債務拡大によって投資が促進され、バブル拡張がなされてきたと言えるでしょう。

そして、このバブルを支えてきたのはひとえに「不動産価格が上昇し続けた」という現実です。こうした膨大な債務拡大は——日本のバブル時もそうですが——不動産価格が上昇し続けることを前提に計画されていますので、その前提が狂って不動産価格が下落し始めると、手がつけられない状態になっていくのです。

ちなみに、北京の土地の値段は現在約10兆ドル、日本のGDPの2倍となりました。この値段はバブル時の東京とほぼ同じです。

日本のバブル時を思い出していただくとわかりますが、当時は「日本の土地価格は永遠に下がることはない」と考えられていたのです。狭い国土に1億を超える人口を有し、しかも山間部が多いという日本の特殊事情を考えれば、日本では「土地は永遠に希少価値」と思われていました。

ところがバブルは崩壊し、日本はそれ以降、20年以上にわたって実質GDPの拡大がなされていません。中国がバブル崩壊で日本と同じような、20年以上にわたる経済停滞の苦境に陥らないと誰が言えるでしょうか？

地方政府はかつてないほど深刻な状況である

また中国では、地方政府がその収入を土地売却に頼り過ぎてきた、という構造的な問題があります。右肩上がりが続いた土地価格を背景に、地方政府は不動産開発に血眼《ちまなこ》になってきました。中国がリーマンショック後、怒涛のような開発ラッシュで景気拡大を行ってきたことは指摘しましたが、地方政府もその一端を担ってきました。

不動産開発において地方政府は、農地を安く買い上げて開発業者へ売却し、宅地や商業地として開発することによって莫大な土地譲渡収入を得、財政を潤わせてきました。

この土地譲渡収入は2008年から倍々ゲームの勢いで増え、2008年の1兆元から2013年には4兆1000億元に達しました。そして、その勢いは今年1～3月期も衰えず、昨年比4割増となり、地方の財政収入のおよそ6割に達しています。

とはいえ、地方政府が行うインフラ整備や不動産開発も借入金で行ってきたわけで、その額はうなぎのぼりになっていました。リーマンショック直後は国営銀行が地方への資金供給を行ってきましたが、それが立ち行かなくなった後、地方への資金供給を支えたのが、ほかならぬ理財商品や信託などのシャドーバンクなのです。

こうして現在では地方の借入金は積み上がる一方で、地方政府が直接責任を負う債務だけで、2013年6月時点で10兆元を超えているのです。

地方政府は実質的に、土地の転売を繰り返すことで収入を得られなければ、立ち行かない状況となってしまいました。しかも借入金の担保は当然、不動産です。この状態で不動産価格が下落し始めれば、担保切れ、借入金返済不能となり、収拾のつかない状態になるのは必至です。

ですから私はかねてより中国の不動産バブル問題は根が深く、中国経済に関係するものには投資を控えたほうがいいと警告してきました。

また現在、住宅価格の下落の大きな要因として、供給過剰が指摘されています。特に酷いのが地方の中小都市です。北京や上海、深圳、広州などといった大都市ではなく、中国でいう、いわば3級や4級都市が住宅投資に熱心なのです。

先ほど指摘したように、地方財政を潤すためには開発を恒常的に続ける必要があったので、現実を無視した開発が続けられてきたのです。日本でもかつては地方の経済を活性化させる手段は公共投資のばらまきだったわけですが、中国ではそのような政策が日本のスケールの数倍で行われてきたと思えばわかりやすいでしょう。

野村證券のアナリストによりますと、全国的にみて中国都市部の住宅供給の勢いは都市に流入する人口の増加率をはるかに凌駕しているというのです。かつて（2000年）供給された都市部の住宅は床面積で約5億㎡でした。ところが昨年2013年の供給量は26億㎡と5倍以上に拡大しています。この増加率は年率で13・6％ですが、一方で都市に流入する人口の増加率は年率で3・7％だというのですから、このギャップは強烈です。

この住宅供給のアンバランスな拡大は今も続いているわけですが、この勢いでいくと、都市人口の増加に見合った1人当たりの住宅の床面積は今年120㎡に達し、日本や英国の都市住民1人当たりの床面積35㎡をはるかに凌駕してきます。

さらにこの勢いで2017年まで供給を続けると、1人当たりの床面積が203㎡にまで拡大するというのです。203㎡といえば60坪を超える豪邸です。格差が激しく貧富の差が拡大している中国の都市部にあって、平均60坪のマンションに住めるようになるなどということはあり得ないでしょう。

すでに中国の生産年齢人口（15歳から64歳まで）は減少期に入っていますから、これはあまりにも現実を無視した住宅供給が行われているとしか言いようがありません。

しかし、このような勢いで建設ラッシュが続いているのです。中国全土で人の入らないゴーストタウンが続出するのも当然です。


そしていよいよ地方都市から、不動産価格の下落が始まってきたのです。現在それは北京や上海にまで及ぼうとしています。

そして、住宅価格の値引きが全国に連鎖してきました。5月の大型連休時の不動産取引の成約件数は、なんと前年比で47％減となったということです。このように中国全土で不動産取引に対する警戒感が急速に広がってきているようです。

そして5月の中国の主要70都市の住宅価格動向をみると、ついに半数の35都市の住宅価格が下落となったのです。

こうなるとバブル崩壊直前と思ったほうがいいかもしれません。もちろん当局も手をこまねいているわけではなく、5月30日、人民銀行は預金準備率を引き下げると発表しました。同時に銀行に対して住宅ローンの承認を加速させるように呼びかけたのです。これを皮切りに、今後中国当局は不動産価格の急落を阻止するため、様々な手を駆使してくるでしょう。

しかし、これだけ大規模な不動産バブルが起きている中で、効果的な政策がバブル崩壊を止めたケースはありません。日本でも不動産バブル崩壊は止められず、土地の価格はバブル時に比べて10分の1や20分の1になるケースが続出し、バブル崩壊後7年が経過して今度は金融危機が勃発、山一證券、三洋証券、日本長期信用銀行、日本債券信用銀行と連鎖的な倒産が相次いだのです。米国のケースではリーマンショック以後、米国のほとんどの主要行が公的資金を導入されるに至りました。

中国当局はこれらの歴史をみながら、自らはバブル崩壊のソフトランディングを目指していると思われますが、実情は日本のバブル崩壊前夜、米国のリーマンショック前夜のように深刻な状況です。

特に不動産バブルの崩壊は、即座に理財商品や信託などの金融商品を直撃するのは必至です。中国にとって不動産バブルの崩壊は、死活問題に発展する可能性を秘めています。処理を間違えば、共産党政権の崩壊にまで発展していくことでしょう。いよいよ始まってきた歴史的な不動産バブルの崩壊に、中国政府がどのように対処するのか、見ものです。

中国からインドへ富の移動が始まった！

「電気は届いていますか！」

ナレンドラ・モディ氏の選挙遊説に、インドの人々は狂喜しました。自分たちの将来に光を与えてくれる救世主が現れようとしている息吹を感じ取ったのです。

「モディ旋風」はインド全域を覆い尽くしました。インド史上、かつてないほどの熱狂的な人気が沸き起こっていたのです。１９５０年生まれのナレンドラ・モディ氏は紅茶売りから苦学して州首相へとのぼり詰めました。そしてついにインドの首相になろうとしているこの新しいカリスマ政治家の登場に、インドの人々の期待は一気に高まったのです。

選挙は大方の予想を大きく凌駕するインド人民党（ＢＪＰ）の大勝利となりました。もちろん党首はモディ氏です。

選挙ではモディ氏率いるＢＪＰが、インド下院の全５４３議席中２８２議席を獲得するという大勝利となりました。30年ぶりの単独政権の誕生です。

一方で１９４７年のインド独立以来、政治の中心に位置し、民主主義体制を牛耳ってきた国民会議派は、みるも無残な惨敗を喫しました。１６２議席を失って、なんとわずか44議席と

インドの首相、ナレンドラ・モディ／©AFP＝時事

なったのです。

　インドの資本市場は、このＢＪＰの勝利を織り込み済みとみられていましたが、予想以上の大勝に市場はさらに勢いをつけ、上昇が止まらない状態となりました。

　選挙結果が判明した5月16日には、インドのセンセックス市場は6％も上げ、通貨ルピーのあまりの上昇ぶりにインド中央銀行がルピー売りドル買い介入を行ったほどなのです。

　どの国にとっても歴史的な瞬間なり、歴史的大変化を起こす局面はあるわけですが、まさに昨年からの動きをみると、インドが大きく革命的な変化を起こそうとしていると思わずにはいられません。そのような動きを主導するのは卓越した能力とカリスマ性を持つ指導者ですが、まさにナレンドラ・モディ氏は、その役割を担うにふさわしい人物と言えるでしょう。

先にインドの中央銀行総裁に就任した元ＩＭＦのチーフエコノミストである、ラグラム・ラジャン総裁とともに、今後この二人がインドを大きく変革させていくに違いありません。インドはついに歴史的な勃興期に入った予感がします。

しかし現状のインドをみれば、まるで袋小路に陥っているかのように問題が山積しています。

インドは２００４年から続いた国民議会派の政権で、９％台の経済成長を続けていました。ところが２０１１年度からは成長率が大幅に減速、２０１２年度は４・５％成長となり、２０１３年度も４・７％成長に留まり、８四半期連続で５％成長を下回りました。

日本と違って人口が増え続け、発展途上であることを考えれば、これは異様な低成長と言うしかありません。都市部の大卒者の失業率は26％、農村部では36％にのぼる有り様でした。

インドの経済低迷の原因ははっきりしています。まずは産業育成の基本であるインフラが整っていません。弱者救済政策に力を注ぐあまり、効率的な経済運営がなされず、結果的に経済の発展が阻害されてきたのです。全国的に停電は日常茶飯事であり、インフラの酷さは目を覆うほどです。

たとえば、あれだけの巨大な人口を有しているため、食糧の問題が深刻であるにもかかわらず、食糧を保存するための倉庫インフラなどは全く整っていません。そのため生産した野菜の3割もが、流通過程で腐ったり傷んだりしてしまうのです。

また道路の整備も問題だらけで、未だに道路に牛が飛び出てくるような状況であり、道路自体が舗装不十分で物流の動きがスムーズでなく、物資の移動に時間と労力がかかるために輸送費が高過ぎるといった有り様です。

インドでは多くの貧困層を抱えています。アジア開発銀行によれば、インド国民の7〜8割に当たる9億人近い人たちが、1日2ドル以下の生活を強いられているというのです。

インドの過半数の家庭にはトイレさえなく、人々は屋外で用を足すしかないのです。これでは不衛生で、病気も蔓延しがちになります。

インド議会は弱者救済と銘打って食糧安全保障法を承認、時価の数分の1の価格で低所得者にコメや小麦、ほかの穀物を提供することを決めたのですが、この法案だけで出費が年間2兆円にものぼるのです。インドの予算規模が約28兆円ということを考えれば、法外な金額です。こんなことをいつまでも続けていたところで、状況が劇的に変わらないのは明らかです。

ここで登場してきたのが、グジャラート州で知事を務め、経済的な成長を達成したモディ氏だったのです。

大きく変わり始めたインド

グジャラート州では停電はまったくありません。停電どころか、州内であまった電力を他州に売っているほどなのです。グジャラート州の電力供給能力は、この10年で2・5倍に増えました。

また、グジャラート州では4車線の広い道路が各方面で整備され、ここを訪れた外国人は「本当にインドか」と驚くほどなのです。

モディ氏が先頭になって改革を行ったグジャラート州と、まったく変われないインド全域との間には、大きな違いが生じてきました。インドの人々が求めているのは、自分たちが暮らすインド全域を、グジャラート州のような発展した地域に変えてもらいたいということです。

しかもモディ氏は、いわゆるカースト制の上のクラスの出身ではありません。カーストの最下層で、紅茶売りから身を興し、苦学して政治の道に入った経歴を持っています。日本で言えば、かつての田中角栄氏のような立身出世をしており、その経歴から余計にインドでは人気になっているのです。

ではなぜ、ほかの政治家ができなかった改革が、モディ氏にはできたのでしょうか？

インドは汚職が当たり前という風土です。海外企業はインドで仕事をしようとすれば、各担当部署の官僚に賄賂《わいろ》を配り、地元の有力者にもそれ相応の賄賂を提供するのが習慣となっています。

ところがモディ氏はこのようなインド全域での風習を、グジャラート州で激減させました。「モディスタイル」という独自の汚職防止策を取り入れたのです。

モディ氏は「不正に手を染めた同僚を見逃せば同罪になる」として、公務員に対してどの企業がいつ、誰に、どのくらいの額の賄賂を提示したのかを報告させ、同僚がこの報告を見過ごしても同罪にすることにしたのです。いわゆる隣人同士が不正をしないようお互いを監視し合うシステムをつくったわけです。これが効き目抜群で、グジャラート州では汚職が激減したということです。

また、モディ氏は「寺よりトイレを支持する」とも発言しています。モディ氏は熱心なヒンズー教の信者ですが、その彼が、「宗教的な情熱よりも、まずは衛生にお金と時間をかけろ」と諭《さと》しているのです。

日本人からすれば当然ですが、インドのように宗教が大きな影響力を持っている地域においては、きわどい発言です。現にこの「寺よりトイレ」発言には、与党であるBJP内部からも「宗教と信仰の基礎を破壊する恐れがある」と警告されました。

かようにモディ氏は当たり前のことを当たり前に行おうとしているわけですが、インドの人々を知り尽くしているだけに、その辺りの手法が硬軟織り交ぜ、巧みなのだと思います。またモディ氏は、親日家としても知られています。すでに2度来日して、グジャラート州への日本企業の誘致に力を入れてきました。その甲斐あってか、グジャラート州には50社を超える日本企業が進出しています。停電もなく、インフラが整備されているので進出しやすいのです。

モディ氏は今後、この「グジャラート州モデル」をインド全域に広めるものと思われます。停電を全国的にゼロにして、港湾を開発し、道路を整備。こうして今度も外資を積極的に誘致することでしょう。発展途上国の経済発展の形としては当たり前のプログラムなのですが、インドにおいてこれを実行できるのはモディ氏だけなのかもしれません。

9カ月で5割近く上昇したインド市場

インドを旅していると、人が怒涛のように湧き上がってくるような勢いを感じます。繁華街の商店街には小さな商店が山のように連なっています。

それらの商店街の大反対もあって、インドではスーパーのような大店舗が進出できない状態が続いてきました。ＢＪＰも大店舗規制だけは選挙公約として守るとしています。

しかし現実には、すでに世界最大の総合小売業であるウォルマートなどがインドに照準を合わせ、大規模な店舗展開を推し進めています。ウォルマートは「新しいモディ政権は大店舗などの規制を有名無実化させるだろう」とにらんでいるようで、インドでネット販売にも進出すると発表しました。

このような流れの中、世界の投資家がインドにおける劇的な変化を見逃すはずはありません。昨年８月、モディ氏がＢＪＰの首相候補に決定したときから、世界の投資家は猛然とインドに対する投資を再開しました。

インドのセンセックス市場は、昨年８月の１万７４４８ポイントから今年５月には２万５０００ポイントまで急騰、およそ９カ月で５割近く上昇したのです。大方の見方として、この勢いはまだまだ続くとみられています。

とはいえ、足元のインドの経済状況は決していいものではありません。成長率は５％を割っているし、インフレも収まっていません。経常赤字体質も治りません。

昨年からインドでは、金の購入禁止措置を取ることによって輸入を抑え、経常赤字を改善しようとしているほどです。現状ではインドの経済の好転の兆しは、まだみえていないのです。

モディとラジャンの登場は歴史の必然か

それでもこのモディ氏、並びに中央銀行総裁のラジャン氏とのコンビ登場によって、インドが劇的に変わっていくことは間違いないと思われています。ラジャン氏は日経新聞のインタビューに、「インドの成長率は数年以内に7～8％成長を実現できる」と答えて、4％台に落ち込んだ成長率を回復させる自信をみせました。この強気の発言の裏には「国民の大きな信任を得たモディ新政権の実行力」があることは疑いありません。

そして金融政策についても「成長に関する政府の懸念は理解できる」として、新政権のモディ氏と協力して成長に目配りし、インド経済の立て直しに留意する姿勢をみせています。

またモディ氏は首相就任後、各国に積極的に外交攻勢をかけています。

今まで疎遠だったパキスタンの首相を首相就任式に招待、中国の李克強《りこつきょう》首相との電話会談では、早くも習近平《しゅうきんぺい》国家主席のインド訪問を要請しました。

そして米国とは今後、両国との貿易額を5倍に引き上げることを協議し始めたのです。

まさにインドでは革命的な大変化が起ころうとしています。この新しい流れが歓迎されないわけがなく、今後もインドには世界中の投資家から怒涛のような資金が流入してくるものと思われます。そしてモディ氏の行うドラスティックな改革によってインド社会は大きく変化、それとともに目覚ましい経済発展が起こってくることでしょう。

まさにモディ氏もラジャン氏も、インドにおける歴史の必然であるかのように現れてきた感じがします。こうしていよいよインドの勃興が始まるのです。

一方、それとは対照的なのが中国です。若年層が国中に溢れ、これから発展が期待されるインドとは違って、中国ではついに生産年齢人口の減少が始まっていることはすでに述べた通りです。

また、安い労働力は枯渇してきて、繊維などの労働集約的な産業はベトナムやフィリピン、カンボジア、さらにミャンマーやバングラデシュにシェアを奪われています。

折しも中国は、不動産バブル崩壊が必至という瀬戸際まで追い込まれました。こうなれば中国はますます海外からの資金が必要となるのですが、もう世界の投資家の目は中国には向かないでしょう。

インドが勃興を始めることで、世界の投資資金は、これからインドに引き寄せられることになるのです。これまで中国に直接投資されていた分をインドが奪っていくことになるでしょう。

衰退に転じた中国は、勃興するインドを横にみながら、資金だけがひたすら流出していき、いよいよ窮地に追い込まれそうな気配です。

21世紀は「中国の世紀」と思われていたのですが、ここに来て雲行きが変わってきました。

モディ氏の言う「インドの世紀」の始まりが、号砲《ごうほう》を鳴らしつつあるのです。

第4章

ウクライナ危機にみるロシアの暗闘

ウクライナを巡るロシアの暗闘

「反政府デモ、首都掌握」——2月22日、ウクライナ情勢は急転直下、大統領のヤヌコビッチは首都のキエフを脱出、反政府デモ隊の野党勢力が政府ビルや内務省、並びに最高会議（国会）など政府の主要機関をすべて掌握したのです。

命からがら脱出したヤヌコビッチ大統領は、テレビインタビューで野党勢力について、「これはクーデターだ、彼らは野党ではなく悪党だ。私は辞めない」と叫んだものの、首都を逃げ出した大統領をもはや誰も支持しなかったのです。

ウクライナ軍は「国内紛争に巻き込まれることはない」と声明を発表、中立を守るとして実質、ヤヌコビッチ大統領の管理下にないことを宣言しました。また警察官の多くは反政府デモの側に寝返ったのでした。この日を境にウクライナの大勢は決定、反政府デモを指揮した欧州側の野党勢力の完全な勝利でした。

27日、今度はロシア系住民が多数を占めるウクライナ南部、親ロシアのクリミア半島では、議会や政府庁舎が突如現れた武装集団によって相次いで占拠され、ロシア国旗を掲げました。並びにクリミアの空港は、彼らによってあっという間に占拠されました。

クリミアの住民はこの動きを歓迎し、自分たちはキエフを占拠した反政府側の野党勢力には従わないことを公言して、クリミア共和国全土を支配下に置いたのです。

これらの劇的な展開はソチオリンピック期間中に起こったのです。２０１４年2月24日がオリンピックの閉会式でしたから、まさに平和の祭典であるオリンピック期間中に電光石火のごとく、歴史的な政変が起こったのです。反政府デモ側が一気に首都を掌握したスピードも見事でしたが、クリミア共和国全土を押さえたロシア系の武装集団のスピードも驚くべき手際のよさでした。

お互いの行動の素早さは、まるで長い間に用意周到に練られた計画がタイミングを見計らって実行に移されているかのようでした。そしてまさにそれは、お互いが想定していたシミュレーション通りに行動した結果だったのでしょう。

ニュースをみていると、あたかも展開の速いドラマのようなダイナミックさを感じますが、実はその裏側には目にみえない計略と争いが繰り広げられ、ロシアや米国、欧州の間でウクライナを巡るドロドロとした血なまぐさい暗闘がなされていたのです。

時は２０１３年11月にさかのぼります。11月22日、ウクライナ政府は突如、ＥＵとの連合協定に向けた準備作業を停止すると発表したのです。連合協定は自由貿易協定を柱としたＥＵとウクライナの協定で、ウクライナの将来的なＥＵ入りを目指す第一歩だったのです。この協定をとん挫させては、ウクライナのEU加盟は水泡に帰してしまいます。

実はウクライナのEU接近に、強引にストップをかけたかったのがロシアです。ロシアはベラルーシとカザフスタンと関税協定を結び、ロシアを中心とした独自の経済圏を構築しようとしていました。ウクライナは元々旧ソ連圏ですし、この関税協定もウクライナが参加しなければ、経済的な効果が激減します。関税協定は、旧ソ連圏の統一と復活を目指すプーチン大統領の重要な戦略でした。

プーチン大統領はウクライナのヤヌコビッチ大統領に圧力をかけ、ロシア側につくことを強要、EUに近づく連合協定作業の中止を図らせ、それを決定させました。これに多くのウクライナ国民が反発、やがて大規模なデモに発展していったのでした。

ウクライナを巡る欧米側とロシア側の綱引きは、ソビエト連邦崩壊後から続いていました。ウクライナにとって、EUとの「連合協定」を選ぶか、ロシアとの「関税同盟」を選ぶかの決断は、ウクライナの将来を決める最も重要な事項です。

ですから欧米側につくのか、ロシア側につくのかは、ウクライナにとっての分水嶺《ぶんすいれい》でした。欧米とロシアも、引くに引けない争いの渦中にウクライナは巻き込まれていったのです。

ヤヌコビッチ政権の方針に反発した、2013年11月から始まったデモは、規模を拡大させ、死者が出るまでにエスカレートしていきました。

一方でヤヌコビッチ大統領は、2014年になってデモ抑え込みを狙った法案を強引に可決させるなど、反政府側と対決色を強めていったのです。

オリンピックの背後で秘密裡に行われていた駆け引き

そして両者の争いが過熱する中で、オリンピックが開催されました。オリンピックという世界的な一大イベントは、実は事を起こすには絶好のタイミングだったのです。

表面上は同性愛者に対するロシアの方針に抗議するという建て前で、オリンピック開会式の参加を見送った欧米の首脳たちでしたが、実はウクライナでの駆け引きは、水面下でじっくり練られていたのでしょう。ウクライナを巡って火花を散らしていた欧米首脳とロシア大統領は、ソチでにこやかに談笑することなどできなかったのです。

2014年になってから拡大し続けたデモですが、2月7日、オリンピックが始まるとさらにエスカレートし、2月18日には3人死亡、150人が負傷、一方で警察官も37人負傷という有様でした。翌19日にはデモは拡大して死者は18人となったのです。

そして20日、デモ隊とヤヌコビッチ大統領側が武力行使の停止で合意。いったん混乱は収まるかのように思われましたが、翌21日にデモは最大限に拡大して収拾不能となり、ついに反政府側は主要施設を掌握。ヤヌコビッチ大統領は首都を脱出するに至ったのでした。

自然発生的にデモが拡大していったかのような経緯にみえますが、実はオリンピックの閉会式の24日を目標にして、拡大させている様が見受けられます。デモによって政権側を追い詰めるには、強権を使うことを封印されたオリンピック期間中しかなかったのです。

ウクライナをもてあそぶ米国とロシアの情報戦

一方、オリンピック期間中をターゲットにし、欧米の意を受けた反政府デモ側でこれだけ大規模な政権転覆計画を練っていることは、ロシアのプーチン大統領にははっきりわかっていたことでしょう。

2月7日、まさにオリンピックの開会式のその日に、米国の欧州担当のヌーランド国務長官補と駐ウクライナ大使の電話での会話の内容がすっぱ抜かれ、ユーチューブに投稿されたのです。

それは米国が直接ウクライナにおいて、どの野党がどのような役割をするべきかを指導している話で、どの人物をウクライナ政府に送り込み、どのような話し合いが行われるかまで決定している内容だったのです。

まずはボイスオブロシアから全ロシア並びに全世界に向けてユーチューブは発信されました。ロシア側からウクライナにおける米国の諜報活動の一端を暴露したのです。

元々がKGB出身のプーチン大統領は、諜報活動を熟知しています。欧米側によるオリンピック中のヤヌコビッチ政権の転覆計画を、プーチン大統領が知らないはずはありません。

2月7日のユーチューブへの投稿は、米国のウクライナへの裏での働きかけを白日の下にさらすことによって、米国側の陰謀を世界にみせつけることが主眼だったと思われます。

一方でプーチン大統領としては、ヤヌコビッチ政権が崩壊した事態にもしっかり備えておいたものと思われます。それがクリミアへの秘密部隊の展開でした。クリミアは元々ロシアの領土であり、地中海に出る不凍港の軍港を有するロシアにとっては、戦略上死活的な重要拠点です。ロシアとしては、ウクライナで何が起こっても、このクリミアだけは死守する必要がありました。

欧米側がデモを拡大させて政権転覆を目指すなら、それに対応するとともに、もしものときに備えてクリミアの奪取だけは成し遂げなくてはなりません。ロシアの国益を守るギリギリの決断がなされ、クリミアに秘密部隊が展開されたものと思われます。

ソチオリンピックでは、西側の首脳として安倍首相だけが出席していたのが印象的でした。そしてそれは、日本だけが国際政治の裏での暗闘を知らなかったことの証左でもあったのです。ロシアに亡命したスノーデンの暴露によって、ドイツのメルケル首相をはじめ、米国政府が各国首脳の通信の盗聴を行っていることも明らかにされました。日本の青森の三沢基地には、巨大なドームの中に隠れて、特大のパラボラアンテナがいくつも収まっています。通信傍受システムの「エシュロン」です。ここから日本のすべての通信は傍受されています。

プーチン大統領は、米国の力と恐ろしさを、いやというほど知っています。そして表には出ない裏での暗闘も、大いに意識してきたことでしょう。

ロシアは大国ですが、経済的には欧米には全く太刀打ちできません。またソ連時代とは違って、今のロシアは金融的にも欧米の資本に牛耳られているのが実情です。

1968年、当時のソ連がチェコに軍事侵攻したとき（「プラハの春」として知られる）、欧米諸国の株価は暴落しましたが、ソ連は無傷でした。ソ連には当時、株式市場などなかったからです。

ところが今回、ロシアの通貨も株価も大暴落です。米国のニューヨークダウはびくともしませんでしたが、ロシアのRTSの株価指数（ドル換算のロシア株指数）は2013年10月の1500ポイントから、2014年3月には1080ポイントまで暴落したのです。現在でもロシアからの資本逃避は断続的に続いています。表面上はみえませんが、ヘッジファンドを使った攻撃で、ロシアは金融的な窮地に追い込まれつつあるのです。

最後は、冷戦時代の産物である軍事力の行使によって、ロシアは自らの国益である不凍港を死守しました。さすがに欧米側も軍事力に訴えることはできません。

しかし欧米側は、ウクライナの大半を支配下に入れました。一見強引にクリミアを奪い取ったロシアですが、前途は多難です。金融や経済の力で欧米側に劣るロシアの苦難は、これからさらに増していくことでしょう。

一方で、ロシアに併合されたクリミアは、時間の経過とともにロシア化が進み、クリミアがロシア領ということが既成事実化されていくことでしょう。表に見えるニュースとは別に、今回のウクライナを巡る欧米側とロシア側の暗闘は凄《すさ》まじいものだったと思われます。

KGB出身のプーチン大統領だからこそできたクリミアの奪取劇でしたが、欧米に押されっぱなしのかつての大国の意地も感じさせます。

GDPでいえば、米国の1500兆円、ユーロ圏の1700兆円、日本の500兆円に比べて、ロシアはわずか200兆円にしか過ぎません。

旧態依然とした軍事力を使って死守したクリミアですが、今後ロシアは欧米による目にはみえない金融的、そして経済的な圧力によって、苦難に追い込まれていくことでしょう。

クリミア併合によるロシアの代償

「代償を払わせる」――2014年3月24日、G7の首脳会談を前に、米国のオバマ大統領はロシアの横暴に対して制裁を示唆しました。

そして迎えた25日、ロシア抜きのG7は首脳宣言を採択、「クリミアを併合しようとするロシアの違法な試みを非難する」として、「この明白な国際法違反は、世界の法の支配に対する深刻な挑戦」と糾弾しました。同時にロシアをG8から除外することを決めたのです。

こうして冷戦終了後、長らく世界の政治、経済を主導してきたG8体制は、事実上崩壊、国際秩序は大きな転換点を迎えたのです。

米国が「世界の警察官」として振る舞ってきた時代は終わりつつあり、米国の権威は急速に弱まりつつありました。

混迷する世界はすでに「G8体制どころか秩序のないGゼロ体制に移行している」との指摘がなされていたのですが、奇《く》しくも今回のロシアによるクリミア併合は、現在のもろい世界の法秩序の体制を露《あら》わにしたと言えるでしょう。

ロシアは「我々はG8に固執しない。世界には国際連合安全保障理事会やG20などの枠組みがある」と述べましたが、実際、国連安保理常任理事5ヵ国として拒否権を持つロシアの横暴には、国際社会は何の有効的な制裁手段も持ち得ません。

クリミアは時間の経過とともにますますロシア化して（6月1日にクリミアはルーブルを唯一の公式通貨としました）、この事実が固定化してくる流れは止めようもないでしょう。皮肉なことですが、ロシアがクリミア併合を発表した3月18日から、世界の株式市場は落ち着きを取り戻し、再び上昇モードに転換しました。

一方で、有事に強いとみられる金相場は1トロイオンス当たり1392ドルまで上昇したものの、天井打ちとなり、その後わずか10日間で100ドル以上の下落となったのです。市場の反応をみると、「危機は峠を越えた」と言わんばかりです。

ロシアの横暴に対して、何ら実質的な制裁ができないところに、今の世界の実情が表れているのです。

世界は大きく相互依存体制になっています。ロシアはエネルギー大国であり、欧州に相当量の天然ガスを供給しています。

ドイツはエネルギーの40％をロシアに依存、リトアニア、エストニア、ラトビアのバルト3国とフィンランド、スウェーデンに至っては100％依存です。欧州地域にとってロシアからのガス供給が止まれば、壊滅的な打撃を被るのは明らかです。

一方ロシアにとって、石油や天然ガスの輸出代金は、国家歳入の半分以上を占める貴重な財源なので、これを自ら止める制裁など選択肢としてあり得ないでしょう。

オバマ大統領が表面上は勇ましく「ロシアに代償を払わせる」と凄《すご》んでみても、誰も本気になって米国と一緒にロシアと事を構えたいとは思っていません。

日本ですら米国に同調はするものの、北方領土の問題を抱えているため、ロシアとは対立を深めたくないと思っているのです。中国などはクリミア問題についてはまったくの中立で、この態度だけで中国はロシアに大きな貸しをつくることができたと計算しています。

G7各国は制裁措置として、ロシアの政権に近い数人について渡航禁止や資産凍結などの措置を取りましたが、これでは何の効き目もありません。各国の事情によって一枚岩になれない欧米諸国の苦しい実情は、「ポーズだけの制裁」と見透かされています。

そして各国のマスコミも、ロシアの横暴に対して実質何もできない国際社会の現状を憂いているのです。

やがてロシアは深刻な状態に陥っていく

しかし、これらの報道とは逆に、私はロシアが実質的な制裁を受け、今後深刻な状況に陥っていくと考えています。

ロシアは表面上はあからさまな制裁は受けていないものの、実は欧米側から目にはみえない巧みな金融的な攻撃、制裁を受けつつあるのです。

主導するのは、ヘッジファンドや格付け機関です。すでにロシアからの大規模な資本逃避は始まっていますが、このことが時間とともにロシアを窮地に追い込んでいくはずだからです。

確かにクリミアでは、ロシアによる実質支配が固定化されていくことでしょう。

それとは逆に、ロシアの国内経済は深刻な方向へ向かっていくと思われます。オバマ大統領が「代償を払わせる」と指摘した通り、結局のところロシアは、大きな代償を払わなければなりません。そしてその動きは水面下で確実に、段階的に実行されつつあるのです。

かつてのロシア、昔のソ連は強大でした。冷戦、東西対決と言われ、世界には米国とソ連という2つの大国があり、世界のどの国も米国かソ連かどちらかの陣営につくしかなく、どちらかの影響下にあったのです。

そんな東西冷戦時代であった1968年、当時ソ連圏にあったチェコスロバキアで民主化の機運が盛り上がりました。政治的な変革をして、東側のソ連圏から西側の米国圏に近づこうという流れが起きましたが、当時のソ連がそんなことを許すはずもなく、いきなり戦車が出動、民主化の動きは武力によって潰《つぶ》されました。束の間の「プラハの春」でした。

かように当時のソ連の影響力は東欧地域全土に及んでいましたし、ソ連は東欧などの衛星国を含めると、ゆうに4億人の人口も有していたわけです。

今ではロシアのみで1億5000万弱の人口ですから、当時のソ連と比べると、領土も人口も、そして影響力も格段に小さくなったと言えるでしょう。

また、今のロシアは経済力でもまったく欧米側に及びません。ロシアのGDPはわずか200兆円であり、米国・欧州・日本を合わせた額のおよそ20分の1、1人当たりの所得は1万4000ドル程度で、これも米国に比べ4分の1ほどに過ぎないのです。

このように人口、経済力、勢力地域のどれもがかつてのソ連と今のロシアでは比べようもなく、軍事力だけは突出しているものの、ロシアはもう大国ではありません。欧米側はその経済力、金融力を使ってロシアを潰そうとすれば、実はひとたまりもないのです。

ロシアの国債は金融市場で「ジャンク債」扱い

目にはみえませんが、欧米の金融を使ったロシア側への巧みな攻撃が、実際に始まっています。ロシアは欧米側の怒りを買い、世界のマスコミは報道していませんが、実質的な制裁を受けつつあるのです。

株価をみても酷い状況です。ロシアの米国ドル建て株価指数・RTSは、2013年10月から2014年3月までで、一時5割を超える暴落となりました。とにかく資本の流出が止まらないのです。

3月24日、ロシア経済発展省は2014年1〜3月期におけるロシアからの資本流出は7兆円にのぼるとの予測を発表しました。

これを受けて格付け会社のスタンダード&プアーズ（S&P）は4月25日、ロシア国債をジャンク債の一段階上にまで格下げしたのです。

2013年の1年間の流出額が6兆3000億円程度ですから、わずか3カ月で昨年1年間の流出額を超えています。この勢いで資本流出が起きれば、年間28兆円、ロシアのGDPの14%となります。

仮にこのようなことが現実に起これば、ロシア経済は崩壊するでしょう。

2013年、日本はアベノミクスに沸いて好景気となりましたが、その主因は円安と株価の高騰であり、それを主導したのは外国人投資家です。

外国人投資家の年間における日本株買い付けは約15兆円。日本のGDPの3％に匹敵する額の流入があって株価が上がり、あのような好景気につながっていったのです。まさに「外国人投資家さまさま」だったのです。

それでも年間の資金流入額はGDPの3％に過ぎません。対GDP比3％で劇的に回復したものが、同じくその5倍弱にもあたる「14％の資本逃避」となれば、いったいその国の経済はどのような状態になるのでしょうか。

現にその驚くべき影響は、ロシアの株価や為替、インフレ指標にはっきりと表れています。ロシア政府は2014年の成長率見通しを「2・5％成長」と述べていましたが、当然この目標は下方修正です。

5月15日のロシア国家統計局の発表によると、1～3月期のGDPは、前年同期比0・9％増と、かろうじてマイナス成長を免れたものの、昨年10～12月期の2％成長に比べると、急速に減速しています。

一方、通貨ルーブルの下落によって、インフレも加速中です。インフレ率は2月が6・2％、3月は7％、4月は7・3％、5月は7・6％と、月を追うごとに上昇しています。

そこでロシア中央銀行は、緊急の利上げに動きました。そして世界銀行は3月26日、「ロシアの今年度の成長率が1・8％のマイナス成長に陥る可能性がある」と発表しました。

この予想は「今後、米国をはじめ欧米側が追加制裁を実施しない」という前提に基づいているわけで、仮に関係が悪化すれば、マイナス幅はさらに広がるというわけです。

すでにロシア国債は金融市場で「ジャンク債」の扱いです。国家の信用力を計るCDS（破たんによって借金が棒引きになる事態に対する保証・保険を金融商品化したもの）は今年3月14日で278ベーシスポイント、中米のコスタリカやグアテマラ以下の信用力です。

2012年12月末のロシアのCDSは121ベーシスポイントでしたから、わずか1年3カ月で2・3倍にまで保証料が上がったのです。

この原稿を書いている6月中旬の段階では、ウクライナ情勢の落ち着きを受けて170ベーシスポイント程度まで相場は戻っていますが、依然高水準であることに変わりはありません。

現在、ロシア国債10年物の利回りは2013年末から1・5％上昇して9・15％となり、ロシア財務省は2014年になってから6回にわたって国債の入札を延期しています。こんな高い金利での資金調達はなんとしても避けたいからです。

一時期は破たんと噂されたギリシャ国債でさえ、今ではロシアの半分近い5％台の金利で資金調達が可能となっています。いかに現在のロシアに信用がないかがわかります。格付け会社のS&Pとフィッチは、相次いでロシアの格付けを引き下げています。ムーディーズも時間の問題で追随することでしょう。

資本逃避が止まらない現状は指摘しましたが、当然のことながらロシアへの投資も激減しています。欧米とロシアに今後対立激化の可能性があるという現状を鑑みれば、欧米企業は新規の投資などできません。欧米のエネルギー大手は、相次いでクリミア半島沖開発の凍結を発表しています。

また日本も安倍・プーチン両首脳の関係改善から、ロシアへの投資機運が高まっていたものの、完全に水を差されました。

かつて日本はイランのアザデガン油田の開発に多額の投資を行ってきましたが、米国のイラン制裁に巻き込まれて撤退を余儀なくされ、膨大な損失を被った経験があります。

当然ロシアに対する肩入れは、イランのアザデガン油田への投資の二の舞になる可能性が否定できません。クリミア併合によって、欧米や日本企業のロシアに対する新規投資はまったく前に進まなくなったのです。

かつて強大だったソ連時代と違い、現在のロシアは西側の金融、経済圏に深く組み込まれています。しかも経済的な力は極めて弱いのです。これほどの脆弱な経済が巨大な欧米や日本の資本を敵に回せば、しっぺ返しは相当なものと覚悟しなければなりません。

今や金融の力は、軍事力をしのぐほどに強力なのです。「ドル体制」という覇権を握る欧米の金融資本にとって、ヘッジファンドや格付け機関を使ってロシアから資金を一気に引き上げさせ、投資をストップさせて株や為替を暴落させ、ロシア国内にインフレを誘発して怒涛の混乱を引き起こすことなど朝飯前なのです。

ロシアは軍事力でもって、クリミアを手に入れました。

しかし、その代償はいかなるものとなるのか、欧米の金融資本による目にみえないステルスのような金融攻撃が確実に始まっています。

クリミア奪取以降、プーチン大統領の支持率は上がっています。ナショナリズムに沸くロシア国内ですが、束の間の達成感は今だけでしょう。

6月27日、ウクライナはついに念願のEUとの連合協定に署名しました。新しく発足したウクライナのポロシェンコ政権の親EU路線は決定的となったのです。

第5章

金融という恐るべき兵器

金融の持つ破壊力

ウクライナを巡る情勢は、落ち着きをみせてきました。

プーチン大統領は勇ましくロシアの力をみせつけ、自国民から圧倒的な支持を得ていますが、今後の経済悪化により国民の不満が爆発し、ロシア国内で混乱が生じてくる可能性も否定できません。

苦境に追い込まれていくロシアは身から出たさびであって、強引な領土奪取を行ったのだから、欧米諸国との関係が悪化して、経済が困窮《こんきゅう》することになっても当然と思うかもしれません。そしてロシアからの資本逃避も当然と思えます。

しかし、これら一連のロシアからの資本逃避、ロシア株の急落、並びにロシア通貨ルーブルの急落は、すべて自然発生的な動きなのでしょうか？

実はこれらの動きの背景には、ロシアに対して金融という手段を使った欧米側による揺さぶり、または圧力、またはヘッジファンドを使った攻撃があるのではないでしょうか。

国家が持つ力の源泉には軍事力や外交力、そして経済や金融の力があります。

今回クリミアは、ロシアの軍事力により制圧されました。現在では軍事的な衝突は起きにくい情勢ですが、軍事力では世界的にみても米国とロシアが群を抜いていて、中国が急速に力をつけてきているのが実情です。

経済力という視点からみると米国が群を抜いていて、次に中国が大きな力をつけてきました。一方のロシアは、GDPでも日本の40%程度で、軍事力の割に経済力は大きくありません。

経済を動かす金融市場、世界を駆け巡る膨大なマネー、その源泉となる金融の力について考えてみると、世界はドル体制であり、本家である米国が圧倒的な力を有していることがわかります。そして、その力は年々増しているのです。

とはいえ常識的に考えれば、金融市場は一国や一企業の思惑で動かせるものではありません。しかし世界の基軸通貨であるドル、そしてその大本の米国、それらの巨大なプレーヤーである欧米の大手金融が大きな力と影響力を有していることは、誰も否定できませんし、この金融の持つ力が今、再認識されようとしています。

今回のロシア株の急落において、一見すると自然に株価が急落したようにみえますが、実は水面下では欧米側の意図を受けた投資家が、ロシア市場のかく乱を狙ってロシア株を大きく売りたたいている可能性も高いのです。

いったい市場を恣意的にかく乱するとはどういうことなのか、それはどのような背景や歴史を持っているのか、検証してみたいと思います。

情報オンチで資金を奪われ続ける国、日本

まずは日本の例から検証してみましょう。日本の物づくりの技術は素晴らしく、真面目で勤勉な日本人は世界的にみても非常に優秀な民族です。日本は第2次世界大戦、いわゆる太平洋戦争までは戦争でも負けませんでした。

日清戦争では中国に勝利し、日露戦争ではロシアに勝利。しかし米国には徹底的にやられました。

国力に圧倒的な差があったわけですから、今振り返れば負けて当然と思えますが、国力以前の問題として諜報戦、情報戦に負けていたことも否めません。

現在では明らかになっていますが、ミッドウェー海戦についても、日本の通信はほとんど傍受されていて、日本の作戦は米国側に筒抜《つつぬ》けだったのです。当たり前のことですが、米国側は通信が傍受できていることなど一切明らかにしませんでした。

その後、連合艦隊トップの山本五十六《やまもといそろく》が南方戦線において飛行機で移動中、米軍機グラマンによって撃墜されますが、このときも完全に通信が傍受され、米国側の待ち伏せを受けています。これが原因で山本五十六は太平洋戦争開始後、早い時期に命を落とすわけですが、このと

きもまだ日本側は、通信が傍受されていることがわからなかったのです。

かように日本人は、勝負の帰趨を決定的に決める諜報戦のような戦いが苦手です。

金融、並びに相場の世界を考えると、それらを動かしているものは、永遠に明らかにされないような事象が多いわけです。

今でも、日本の金融市場は外国人投資家にいいように牛耳られて、多くの富を吸い上げられているのですが、日本人はこれに全く気づいていません。

かつて通信を傍受され、完敗したミッドウェー海戦や山本五十六が撃墜されたケースと同じように、日本の金融を取り巻く事象や極秘の重要事項は、実は欧米側に筒抜けであることが全くわかっていないのです。

これは市場におけるヘッジファンドの動向をみればわかります。過去の市場の劇的な推移をみると、日本中枢の情報は、ヘッジファンド側に逐一漏れていることが明らかだからです。

日本人が知り得ない情報により、日本で暗躍するソロス

1997年、ジョージ・ソロスは日本に来ていました。当時はソロスの顔写真が今のように

大きく報道されていなかったので、ソロスを知る人は少なかったのです。

そのソロス一行は、当時の日本長期信用銀行、並びに日本債券信用銀行など数社を訪問し、業績見通しについて細かくヒアリングしました。

当時、これらの銀行株は金融危機で大きく売られていたため、ソロス一行が銀行に着くと、銀行側は株を買い支えてくれる外国人投資家が来たと思って厚遇しました。

ヒアリングを受けた各行は、喜んで自行の状況を暴露、ソロスによる多額の投資を期待したのです。

ところがソロス一行はそんな銀行側の期待など全く無視、帰りの車の中で、それらの銀行株の大量の売り注文が出されました。

当時、日本はバブル崩壊後の未曾有の金融危機に陥っており、政府は山一證券、三洋証券、並びに日本長期信用銀行、日本債券信用銀行を次々と行政処分として潰していきました。

それまで日本の行政は、護送船団方式といって金融機関は潰さないという方針を貫いていたのですが、不良債権問題を一掃して日本の金融を立ち直らせるために、まさに国の浮沈を賭けた政策大転換に出たのです。

興味深いことに、この事実をわかっていたのが、ソロス一行をはじめとするヘッジファンド集団だったのです。

彼らは山一證券と日本長期信用銀行の株の空売りで天文学的な利益を出しました。ソロスのファンドだけで、山一證券を6500万株空売りしていたと言われています。

当時の相場を知る者であればわかるでしょうが、これらの証券会社株や銀行株の怒涛の売りで相場を壊滅的に崩していったのは、ヘッジファンドを中心とした外国人投資家でした。

当時は海外からも日本の金融は危ないと言われており、「ジャパンプレミアム」という具合に、日本の銀行は資金調達を行うのに特別な利息を支払う必要がありました。

投資家のジョージ・ソロス／©AFP＝時事

世界的にみて日本の金融に信用がなくなっていたのは事実ですが、たとえば山一證券を6500万株も空売りするという投資行動は、実際問題として山一證券が経営的な重大な危機にあることと、並びに日本の当局が山一證券を潰す方針であって、それが間違いないという確証がなければできる勝負ではありません。まさに日本当局のインサイダー情報が、ソロスを中心とする欧米のヘッジファンドには渡っていたわけです。

日本人のほとんどが知り得ない極秘の情報が、ヘッジファンドだけに正確に伝わっていたのです。それがなければできないトレードを彼らは堂々と行い、巨額の利益を上げた。これが現実なのです。

ヘッジファンドは日興証券上場廃止の誤報でも大儲けしていた!

2007年初頭には、日本の大手証券会社の一つ、日興証券による大掛かりな粉飾決算、不正会計事件が話題となりました。

この問題について、日興証券内部にできた特別委員会は、「不正会計は意図的、組織的に進められた」と結論づけ、旧経営陣に対して損害賠償請求の訴訟を起こすと発表したのです。

この事件後、日興証券株は東証のいわゆる「監理ポスト」に移行され、売買されていました。

問題を起こした会社は注意を喚起するために、「監理ポスト」という特殊なポストに置いて株式が売買されるのです。

当時から市場は、東証が日興証券に対してどのような処分を下すのか注目していましたが、このような大掛かりな不正会計が組織ぐるみで行われていたとなると、上場維持は難しいのではないか、という見方が大勢でした。

というわけで、日興証券の株はこの事件発覚後、大きく売られていたのです。

事件発覚以前は1500円近辺で取引されていた日興証券株は、事件発覚後、1000円以下にまで売り込まれました。

しかし仮に上場廃止となると、紙くずになってしまう可能性もありますから、当然500円以下になるまで売られる可能性もあったはずです。

ところが、当時も不思議だったのですが、下がると確実に大量の買いが入って、日興証券の株式を買い漁っていったのです。

ほとんど外資系証券からの注文で、それもヘッジファンドによる買いでした。

それはまるで、事件が明るみに出るのを待っていました、というかのごとく、毎日のように大量に買われていたのです。

もちろん、日興証券株を争って投げ売りしていたのは、国内の投資家です。

さすがに上場廃止になる可能性がある日興証券株は、怖くて持ちきれなかったのでしょう。

それ以前に起きたライブドア事件でライブドアは上場廃止となり、株は紙くずとなりました。

これも同じ不正会計の事件です。投資家の動揺は相当だったのです。「監理ポスト」に入った日興証券株は、外資系証券の執拗《しつよう》な買いと、国内投資家の売りで、連日の大商いが続いていました。

その最中の2月27日、日経新聞は朝刊一面で「日興上場廃止へ、東証最終調整、4月に」との見出しで、「東京証券取引所は日興コーディアル証券を上場廃止にする方向で最終調整に入った」と報じ、「日興証券の上場廃止は決まった」との記事をスクープとして掲載しました。

不正会計が会社ぐるみだったということで、最終処分を決断したというわけです。

3月2日には朝日新聞も「日興上場廃止へ」と一面で伝え、読売や時事通信、共同通信などもそろって、東証による日興証券の上場廃止の決定を伝えたのです。さらに3月6日、再度日経新聞は「東証、日興上場廃止9日に決定へ」と日付まで指定して報道したのです。

これでは日興証券株を保有している投資家は、株に値段がついている間に売るしかありません。紙くずになる前に現金化するのは当然です。出来高は異常に膨らみ、日興証券株は100円割れとなり、連日の大商いが続きました。

私は当時、なぜヘッジファンドは紙くずになる危険性のある株式をこのように数千億円を投下して連日買い続けるのか、不思議でたまりませんでした。と同時に、この流れは異常で、日興証券株は買いに分があるに違いないと思っていました。

ヘッジファンドが買うといっても、数億円の話ではありません。数千億円、ないしは1兆円にのぼるかという資金が投下され続けていたのです。

確実な情報なしに、このような大規模な資金投下ができるものでしょうか？　機関投資家をはじめ、ほとんどの日本人が争って日興証券株を売却していたのに、ヘッジファンドは平然と買い続けているではありませんか！　私は「何か裏があるはず」と確信していました。

にもかかわらず、日経新聞をはじめとして日本のメディアは、日興証券が上場廃止になると報道し続け、そのたびに日興証券株は売られ、ヘッジファンドはその売り物を拾い続けました。

そして3月12日、東証は日興証券の処分を発表、一転して「上場は維持」ということになったのです。

当時の東証の会見によれば、「日興証券の不正会計には、会社を挙げて不正を行ったという事実は確認できず、組織的とは言えない」と前置きしたうえで、「真っ黒でなく、グレー。グレーであるから上場維持が駄目とは言えない。悪質ではあっても疑わしきを罰するということはできない」ということで、日興証券の上場維持は妥当な判断として、日興証券に5億円の罰金を命じたのです。

このとき私は、ヘッジファンドがあれだけ執拗に日興証券株を買い続けた理由がわかりました。東証の会見を聞き、「なるほど、これか」と思ったのです。

翌日から日興証券株は暴騰、一気に株価は倍近くになり、スキャンダル発覚前の水準に戻ったのです。この間、日本の投資家は安値で日興証券株を投げ売りして数千億円の損失を被り、ヘッジファンドは数千億円の利益を享受しました。

その後、日経新聞は誤報に至った経緯を説明し、紙面上で謝罪したのです。

これが1997年と2007年における、日本を舞台とした大掛かりな株式市場でのヘッジファンドによる資金強奪戦です。これは日本市場におけるヘッジファンドの暗躍の一部を紹介したに過ぎません。

インサイダー情報は本来、罰せられるはずですが、日本人の資金を強奪するために使われているインサイダー情報は、このように存在するのです。彼らは決してしっぽを掴《つか》まれることはありません。

ここからも、太平洋戦争時代のミッドウェー海戦や山本五十六の撃墜事件当時と、状況が全く変わっていないことがわかります。

日本の機密情報、特に国運を左右するような重大情報は、70年前の太平洋戦争時代から今に至るまで、米国側に筒抜けなのです。

そして現在では、その機密情報が利用されることによって、日本側からヘッジファンドを通じて天文学的な資金が合法的に貢がれているわけです。情報を利用し、操作しながら金融市場を介して、白昼堂々ヘッジファンドは日本から巧みに資金を奪い取っているわけです。

ジョージ・ソロスの生い立ち

2014年1月、安倍首相はダボス会議で基調演説を行いました。日本の首相としては画期的なことです。その後、安倍首相は投資家ジョージ・ソロスと会談を行いました。

ダボス会議は世界的にみて最も重要な会議の一つですが、その会議で安倍首相と会談を行うソロスは、ヘッジファンド界の超大物です。一国の政府を転覆までさせてしまうソロスという投資家は、どんな生い立ちなのでしょうか。

浜田和幸氏の著書『ヘッジファンド』（文春新書）によると、これまで伝えられてこなかったソロスの実情が詳しく書かれています。

ソロスは1930年、ハンガリーの首都ブダペストでユダヤ人の両親のもとに生まれました。当時は第2次世界大戦の最中であり、ナチスによるユダヤ人の迫害が行われていた時期です。少し前、『アンネの日記』が破られたという事件が日本で話題になりましたが、当時、ユダヤ人は根こそぎ捕えられ、迫害されていました。

ユダヤ人にとっては地獄のような時代を、少年のソロスは生き抜いてきたのです。ソロスは法律家だった父の影響を強く受けたと言います。

ソロスはテレビのインタビューで、

「私は父から貴重な教えを授かった。ドイツ軍が侵入してきた非常事態の下では、法律などあってなきがごときものだ。

戦時下においては、通常のルールは意味を失う。平時に通用したような考えをいっさい捨てなければ生き残れない。

そう言って父は、生き残るための偽造身分証明書を家族全員につくってくれた。ひとりひとり全く違う人間に生まれ変わった。私は農業省の役人の養子にされた。

新しい父の仕事は、ユダヤ人の財産を没収することだった。本当の父と別れた後、私は書類上の父に連れられ、ユダヤ人の財産をかすめ取る仕事をさせられた。そんなことは一刻でも早く忘れたいと思うが忘れられない。記憶の底にこびりついた奇妙な思い出となり、今でもまとわりついている。

思えば、これが今の私の原体験のような気がする。なにせ、そのとき、私は14歳になったばかりだった」

と述べています。

当時の状況は我々の想像を絶する時代と思われますが、生きるためとはいえ、14歳のユダヤ人の少年が、同胞の財産をかすめ取る仕事をさせられたという事実には驚愕します。

かような過去を持ったソロスは、いかにして金融の表舞台にのし上がってきたのでしょうか。

ソロスはその後イギリスに渡り、ロンドンの名門大学、ロンドン・スクール・オブ・エコノミクスに入学します。

実はこのときのスポンサーがロスチャイルド家と言われています。

ハンガリー難民としてイギリスに逃れてきたソロスを見込み、ロスチャイルド家が全面的にバックアップをして経済を学ばせ、その後ロンドンで実務を経験させて、米国に送り込んだというのです。

ソロスはニューヨークに渡り、「アーノルド・アンド・S・ブレインシュローダー」社のポートフォリオマネージャーになったわけですが、この会社はロスチャイルドなど欧州の財閥の米国における資産運用を行っていた、いわゆるプライベートバンクです。

ソロスについては謎が多いわけですが、そのバックにいるスポンサー、並びに情報力が飛び抜けていなければ、あれだけの成功を収められるはずはありません。

ソロスはその後、独立してヘッジファンド「クォンタムファンド」を設立します。

このヘッジファンドという形態は、ソロスにとっても、また資産運用の世界にとっても、画期的なことだったと思われます。

というのも従来の手法だと、相場における「売り」から入るということがやりづらかったでしょうし、金融機関に属すれば、様々な規制に対応しなければなりません。

したがってそれらを取っ払うことによって、資産運用を大胆にできる素地ができあがったと思われます。これが資産運用の世界で、劇的な成果を生むようになった背景でしょう。

ヘッジファンドの設立により、ソロスは水を得た魚のような状態となって、相場を自由に泳ぎ回っていったのです。もちろんスポンサーは、ロスチャイルドを筆頭とする世界屈指の財閥です。それらの資金量や情報量をもとに、相場において大規模な勝負を仕掛けていったわけです。

ヘッジファンドと政府は互いにうまく利用し合っている

ソロスの名を不動のものとしたのは、1992年の英国ポンドの空売りでした。

当時EUは、域内通貨の統合に向けて動いていました。英国ではERM（欧州為替相場メカニズム）の下で、域内の通貨の為替レートを事実上固定化する仕組みが取られていたのです。

ここの矛盾に目をつけたのがソロスでした。

ソロスはポンドの為替レート維持の方針には無理があると判断、ポンドに対して徹底的な空売り攻勢をかけたのです。これに対して英国のイングランド銀行は攻防を開始、必死にポンドを買い支えました。

イングランド銀行は9月になって公定歩合を10％から12％に変更し、それでもポンド売りが止まらないとみるや、さらに公定歩合を1日で15％まで引き上げるという荒療治に出たのです。それでも英国はポンド売りの圧力に対応できず、ついにERMを放棄、変動相場制への移行を余儀なくされたのでした。

これが、一投資家が中央銀行を打ち負かした瞬間です。ソロスはこの勝利で、数千億円を荒稼ぎしたと言われています。

ソロスは英国の為替政策の矛盾をついて、思惑通り大きな儲けを得たことになりますが、この事実を額面通りに受け取っていいのでしょうか？

私は英国がERMを離脱するというシナリオが最初からあって、その演出のためにソロスが暗躍したように思います。

山一證券の破たんについて、ソロスの大規模な売りがあったと述べました。

それらの市場の力によって、山一證券が苦境に追い込まれていったかのようにみえます。

しかし真相は、最初から山一證券の倒産シナリオありきで、それに従ってヘッジファンドが動いていたに過ぎないのです。

当時日本は、金融危機直前で、大量の不良債権を早めに処理する必要に迫られていました。その場合、公的資金を大量に投入しなければなりませんが、そのためには大義名分が必要だったのです。

世間は何もないのに公的資金、いわゆる金融機関への税金投入に納得してくれません。ですから山一證券を意図的に破たんさせることにより世間にショックを与え、公的資金投入やむなしの世論をつくり上げたのです。

山一證券の破たんはいわばやらせであって、その役者としてヘッジファンドが暗躍したわけです。

米国のリーマンショックにしても、似たような側面があります。

リーマン・ブラザーズの破たんで世間にショックを与え、金融機関への公的資金投入の道筋をつくったわけです。いずれのケースも今までの方針が限界にきていて、それを打開する手段として市場に大規模なショックを起こし、危機を演出して、結果的にドラスティックな改革を成し遂げたのです。

権力側はその先兵隊としてヘッジファンドをうまく利用しています。ヘッジファンドは権力側にとっても使いやすいツールであり、互いに利用し合っているのです。

アジア通貨危機で暗躍するソロス

1997年にタイから始まったアジア危機ですが、このときも暗躍したのはソロスのヘッジファンドでした。

タイの通貨バーツは、ヘッジファンドをはじめとする投機筋に徹底的に売りたたかれ暴落、タイ政府はバーツのドルとのペッグ制廃止に追い込まれました。変動相場制への移行となったのです。

ソロスが英国のポンドをERMから離脱させたのと同じ構図です。もちろんバーツを大量に空売りしたソロスのファンドは大儲けです。

タイ政府はこの後、IMFに対して支援を要請しました。タイからの通貨危機の流れはアジア各地に波及、マレーシアのリンギ、フィリピンのペソ、インドネシアのルピア、香港ドル、韓国ウォンと連鎖的に拡大し、アジア全域で通貨危機の勃発となりました。

当時マレーシアのマハティール首相は、ソロスを「ごろつき」と呼び、「彼らの膨大なマネーでアジア各国の市場を攻められれば、ひとたまりもない」と主張して、ヘッジファンドの動きに制限を加えました。

確かにアジア各国がヘッジファンドの膨大な資金で、市場を蹂躙《じゅうりん》されては手の打ちようがありません。

実際にヘッジファンドは、国家を相手に戦って勝利できるのです。これにはまず、国家の中枢、特に中央銀行や政府の動向についての正確な情報がなければ、仕掛けられない勝負です。さらに相手は自国の中央銀行を使って、無限にマネーを印刷して対抗してくる可能性もあります。こういった動きに勝利するには、情報とともに限りない資金の供給が必要になります。いわば勝利するためには、無尽蔵に資金を供給してくれる世界に冠たる金融機関がついていなければならないのです。

事実、ソロスをはじめとする当時のヘッジファンドのスポンサーは、世界を牛耳る欧米の金融機関だったと思われます。

アジア通貨危機は、見方を変えれば欧米の巨大金融機関によるアジア潰しだったともいえるのです。まさに欧米勢が金融の力でアジアを屈服させたのです。金融という兵器を使った攻撃だったわけですが、その先兵隊としてヘッジファンドが使われた典型的なケースが、アジア通貨危機だったとも言えるでしょう。

今回のロシアのクリミア併合に対して、これから米国側は、ヘッジファンドや格付け機関を使って、ロシア側に目にはみえない圧力をかけてくるものと思われます。

一見すると、ロシア側の強引なクリミア奪取は成功したかのようですが、代償を払うときが訪れるのはこれからでしょう。

金融を使った攻撃は実に巧みで、誰の仕業かわかりません。たとえばロシアの株や為替の暴落、それに付随して起こるロシア国内の止まらないインフレは、それらがさらに悪化すれば、国家体制の危機にまで発展しかねないのです。

欧米が有する金融の恐ろしさを知り、慌てるロシア

「欧米は、ドル建て決済でロシアを攻撃しようとしている」

ロシアの金融大手・対外貿易銀行のコスチン頭取はこのように言い、輸出でルーブル建てへの移行を進める考えを強調したと言います。

ロシア側は、欧米からの金融攻撃を受けていることを意識しています。対外貿易銀行によれば、ロシアの資源大手・ガスプロムやロスネフチは、輸出代金のドル決済をやめて、ロシアの通貨であるルーブルでの決済を求める検討に入ったということです。

しかし経済的な力のないロシアがそんな背伸びをしても、どこの国も相手にしてくれないでしょう。

またロシアの銀行は、世界的なカード会社のビザやマスターカードの制裁対象となりました。これに対しプーチン大統領は、独自のクレジットカード決済システムを構築すると表明しました。

しかしながら、1990年代後半にデフォルトの経験を持つロシアのつくるカード決済システムなど、誰も信用しません。ロシア国民でさえ信用しないのです。

現にロシア国内で行われた世論調査によれば、ロシア国民の6割までもが、自国の金融制度を信用していないと答えています。今後のロシア市場の動きには注意が必要です。

超高速コンピュータが米国市場を完全支配

「米国市場は八百長だ」――2014年3月31日、米国で発売されたマイケル・ルイス氏の近著『フラッシュ・ボーイズ』が、市場で大きな話題となっています。

ルイス氏は、「米国の市場は最新のコンピュータを駆使して超高速取引を行う業者によって完全に操作され、一般の投資家は膨大な損失を被っている」と指摘しています。米国のテレビではこの話題が沸騰、人気番組は「市場は騙《だま》されているのか?」とセンセーショナルな報道を連日繰り広げています。

このあおりを受けて、一般の投資家や当事者である超高速取引業者の注文が激減、「モメンタム株」と言われるフェイスブックなどの人気銘柄の株価が急落、市場は一気に警戒モードに突入しました。

日本でもそうですが、実際に超高速取引業者は、異常な売買を繰り返しています。大量の注文を出してはひっこめ、出してはひっこめを1秒間に数千回繰り返すのです。そうした取引は人間の目にみえるわけもなく、投資家は市場で何が起こっているのかもわからず、この超高速取引業者は何をもって利益を出しているのかもわかりません。

この裏のからくりについて、マイケル・ルイス氏は1年にわたる取材をもとに実情を暴露しました。

ルイス氏によれば、米国市場は超高速取引業者により、完全に八百長化しているとのこと。

超高速取引業者は、一般の投資家に先んじて価格や注文に関する情報を得ることができ、それを利用して薄利ではあるが確実に儲けることができる取引を天文学的な回数繰り返し、膨大な利益を享受しているというのです。ルイス氏は、「これは完全な八百長ゲームであり、正気の沙汰《さた》ではない」と糾弾しています。

ルイス氏によれば、米国市場の大口投資家、デビッド・アインホーン氏なども、この八百長ゲームが行われているカジノに案内されていく「間抜けな観光客のような者」ということです。かように超高速取引業者による汚い儲けの手口を知れば、一般投資家はすべてカモのようなものなのです。

超高速取引はたったの数年で恐ろしいほど進化している

超高速取引業者がいかにして儲けるのか、その手口をみてみましょう。ちなみに超高速取引業者の主戦場は今や、日本です。日本においては米国市場よりも露骨に白昼堂々と、この超高速取引業者によって一般投資家の利益がかすめ取られてきました。当局も野放しの状態できたこの実情については、4年半前に出版した拙著『すでに世界は恐慌に突入した』（ビジネス社）で詳細を書きました。これは2014年に逝去された船井幸雄先生との共著です。

今、米国のベストセラー作家のルイス氏によって広く知れわたることとなりましたが、彼の指摘するところも、拙著で指摘した問題と基本的には同じです。

まずはこの『すでに世界は恐慌に突入した』の「フラッシュ・オーダー」の部分を引用し（線の下）、さらに最近の動向について解説を加えていきます。

フラッシュ・オーダー

ニューヨーク州選出の上院議員、米民主党幹部のシューマー議員は、ウォール街における、高速・高頻度取引（HFT：ハイ・フリークエンシー・トレード）の禁止を求めています。

今や、株取引の世界は、限りないスピード勝負、まさに、コンピュータの高速勝負の世界になりつつあるのです。ゴールドマン・サックスや大手ヘッジファンドは、膨大な資金を投じて、この超高速コンピュータを導入し、取引に使っています。今やニューヨーク証券取引所における、この高速取引のシェアは7割に達しようかという勢いです。

その中で今、問題とされているのは、フラッシュ・オーダーという取引執行形態なのです。

このフラッシュ・オーダーとは一般投資家の注文状況を、100分の3秒ほど早く見ることができるのです。一方、超高速コンピュータは0・0004秒で注文を処理することができます。

100分の1秒の間に何百という注文が執行できるのです。となりますと、どういうことが起こるかといいますと、一足先に100分の3秒早く一般投資家の売買動向がわかりますので、その状況を的確に判断して儲けにつなげるというわけなのです。

この当時は、ここで書いたように1000分の1秒、いわゆるミリ秒を競う争いだったのですが、今では100万分の1秒、マイクロ秒を競う争いとなり、さらに10億分の1秒、ナノ秒を競う争いに発展しています。他社よりも早く市場の動向がわかれば、儲けるチャンスが格段に広がるわけです。今は超高速取引というより、光速取引に近づいています。

たとえば、A社の株価は現在494円ですが、この株価の売りと買いの注文状況が仮に、左下の図のような板状況（株の売り買いの注文状況）だったとします。

この場合、「成り行きで1000株買ってくれ」、という注文であれば、通常494円で買うことができます。場にある494円の売りものを拾う形となるからです。

ところが、ここにフラッシュ・オーダーの機械がセットされていれば、１００分の3秒速く、この成り行き注文を感知することができます。すると一足先回りして、この４９４円の売りものを買い付け、その後０・０００４秒の速さ、１００００分の４秒のスピードで、４９５円に売り注文を出すことができるのです。こうすればこの取引でこの1万円を儲けることができます。

売り		買い
2,000株	497円	
10,000株	496円	
	495円	
10,000株	**494円**	
	493円	8,000株
	492円	10,000株

一方、成り行きで買いに行った普通の投資家は４９４円で買えるわけだった、Ａ社の株式が、1円高い４９５円で買えてしまったわけです。一瞬速く、４９４円の売りものをフラッシュ・オーダーの取引で、拾われてしまったからです。

通常、取引が激しい場合は、1円くらい高いところで買えてくることはよくあることで、気にもならないというわけです。

この当時は４９３円、４９４円と１円きざみだったのですが、超高速取引業者は儲けるチャンスを広げたいので、この値段のきざみを４９３・１円、４９３・２円というふうにもっと細かくしろと要求し、取引所が応えてきました。今では493・10円、493・11円というふうにさらに細かい値段のきざみが行われています。ないしは、そのような細かい値段のきざみができるよう、取引所同士が競うわけです。

取引所としては、超高速取引業者のような大口顧客を優遇するのは当然で、彼らのリクエストに応えるために奔走しているのです。

この例はわかりやすい形を説明したわけですが、このように一般投資家の注文状況をいち早くキャッチできて、その動向がわかれば、確実な儲けを生み出せる機会が、市場には山のようにあるのです。このような個別の機会を見逃さず瞬時に取引できるように、超高速コンピュータにセットしておくというわけです。

昔は証券界も「場立ち」という人がいて、各々のポスト（銘柄別の注文を取り扱うところ）に立って、注文を仲介していました。取引所において、証券会社と取引所の間で注文を執行する人達です。彼らも昔は、仮にある株に大材料がでると、みんなで山のようにその株を買いにくるわけです。顧客からの大量注文が一気にくるからです。

その場合、たまたまその株のポストの近くにいた場立ちさんが、その山のように押し寄せる人だかりを見て、いち早くその株（売りもの）を大量に買い付けてしまい、高値で売りに出しておく、などという芸当もできたわけです。

時代は違いますが、これと同じように、ある株が好決算やら、大材料やら発表していきなり大量の注文を集めるとすると、コンピュータはもっと精密ですから、このようなケースでも、一般投資家の注文状況がわかれば、瞬時に売りものを買い取り、その後計算して上限の値段を読み切ることができます。そして瞬時に売りを出すというわけです。

瞬《まばた》きする一瞬の間に数千回の注文を執行できるのでは、とても人間の力では太刀打ちできるはずもありません。


また、不正取引の防止ということで、証券取引委員会（SEC）などが常時、取引を監視しているわけです。しかしこのような高速取引は1秒間に数千回の取引ができるものですし、現在ヘッジファンドや機関投資家なども注文はコンピュータで小口に分けて執行する形になっています。それを「アルゴリズム取引」といいます。

日本でもそうですが、ほとんどが大口注文をコンピュータが自動的に小口に分けて、一日がかりで効率よく買う（細かく買う）ようにセットされているのです。

この「アルゴリズム取引」を、効率的に、うまく儲けられるように研究しているうちに、株取引の必勝法がみつけられてきたわけです。ですから超高速取引業者は、元をただせばITのエンジニアが多く、さらに彼らと物理学者、数学者が結びついて、より高度な必勝プログラムをつくり出してきたと思われます。

このような取引になりますと、同じ1000株の注文も、100株単位で100回に分けて執行されます。これでは、一日の取引額は天文学的な注文数量となり、この取引の公正さを人間が調べて、その不正を発見するというのは、物理的に不可能です。こんなものを人間の目で調べたら、1秒間の取引を調べるだけで、1日以上かかってしまいます。要するに監視機関も打つ手がないというわけです。

米国の証券取引委員会（SEC）が、不正取引の疑いがある〝5分間の出来事〟を検証するために、約5カ月を費やしたということです。

しかし実際問題、取引の7割までがこの超高速取引というわけですから、不正も株価操作も、やり放題というわけでしょう。こんな市場がまともな市場と言えるでしょうか？

米国のリサーチ会社によれば、この超高速取引で、昨年は2兆円あまり儲けられたということです。前述したように一回当たりの儲けは少ないのですが、確実に利益を得ることができ、それを一日中繰り返すことで、利益を積み上げたというわけです。

証券取引委員会（SEC）も、この取引には規制を検討しているとのことです。この人間の手を離れた取引の形態、金儲けを追及して止めどもない資金を導入でき、24時間休むことなく、世界中で動き続けるコンピュータ・トレーディング。如何に規制しようが、最後はこの暴走を止めることはできないでしょう。いずれ驚くような資本市場の混乱が我々を襲うことは疑いありません。


（以上『すでに世界は恐慌に突入した』船井幸雄・朝倉慶共著より）

超高速取引は日本市場でも4割を超えている

このように超高速取引業者はますます興隆し、市場を席巻するようになりました。米国でも欧州でも日本でも、常軌を逸した売買が繰り返されているのです。

特に酷かったのは、東日本大震災のあとです。欧州系の（当時無名の）証券会社によって先

売買全体に占める超高速取引システム（コロケーション）経由の比率（東証）

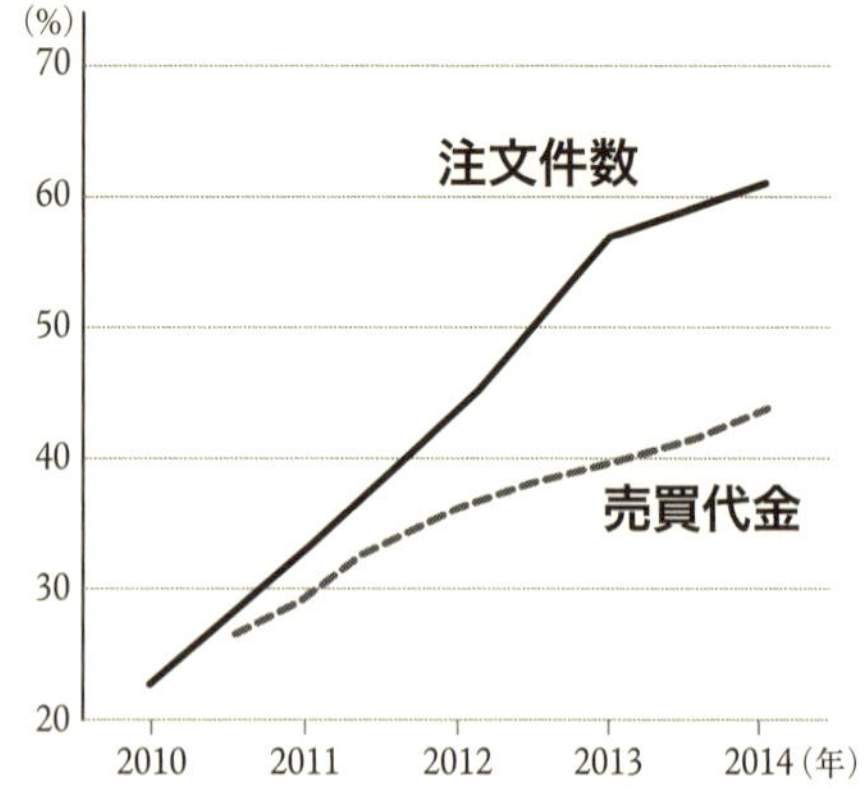

1日当たりの平均。14年は3月まで

（2014年4月6日「日経ヴェリタス」より作成）

物が連日操作され、日本の投資家が陥った悲惨な実情は、拙著『２０１２年、日本経済は大崩壊する！』の中で指摘した通りです。

しかし取引所にとって、超高速取引業者ほどうれしい存在はいません。彼らは日本でも取引高では６割、売買代金のシェアでは４割を超え、毎日１兆円にのぼる取引を繰り返してくれるのです。市場の半分近い取引をしてくれる顧客をありがたいと思うのは当然で、この取引所と超高速取引業者との相互関係が、超高速取引を野放しにした一因でもあります。

２０１４年４月12日の日経新聞によると、日本の投資家の話として「主力銘柄は大半が超高速取引で売買されていて、買い注文を入れると、注文板にみえていた売り注文が瞬時に取り消され、すぐに高い価格で売り注文が出てきて、結果的に希望していた値段より高く買わされてしまう」とのことです。

FBIが超高速取引業者の調査に入った！

今回、米国におけるルイス氏の指摘によって、あまりに行き過ぎとみられていた超高速取引に、ついにメスが入る流れとなりました。折しも世間や監督機関を驚愕させたものは、この超高速取引業者の異常な儲けぶりでした。

超高速取引を手掛ける米国の投資会社バーチュ・ファイナンシャルは、2014年4月にニューヨーク市場に株式を上場させる予定で、その資料を取引所に提出したのですが、それによると同社は連日取引を繰り返しながら、「過去5年間で負けた日は1日しかない」というのです。これは普通の取引では明らかに不可能です。

過去のどんな優れたデータを駆使してプログラムをつくったにしても、市場には常に不確実性があり、過去の経験則などいっさい通用しなくなることが日常茶飯事なのです。予測が困難な株式市場において、過去5年間（具体的には2009年1月から2013年末まで日数にして1238日）負けは1日だけというのですから、普通の取引ではあり得ない数字です。

彼らは他人の注文をいち早くみることによって、それを利用して確実に儲けを膨らませてきたに相違ありません。まさにこれはインチキ、ペテンによる利益であり、インサイダー取引の最たるものです。

2014年3月18日、ニューヨーク州の司法長官は、「超高速取引業者の広範囲な調査に入った」と明らかにしました。米国の証券取引所やその他の取引システムが超高速取引業者に便宜を与えている疑いがある、というわけです。

しかし、この超高速取引のブラックボックスの解明は簡単ではないと思われます。プログラムをつくった人間と同じ程度のIT知識がないと、相場を操作しているメカニズムを証明するのは簡単ではないからです。

プログラムをつくる人間は、数学や物理学の博士号を持っている相当な頭脳集団です。FBIは不正行為を法的に立証する難しさをよく理解しているようで、超高速取引業者のトレーダーや関係者の内部告発を奨励しています。これについて何人かのスタッフがすでに名乗り出てきたとも伝えられています。


この問題の帰趨を予想するのは極めて困難です。仮に超高速取引業者のインサイダー取引が証明されて超高速取引業者が一掃されるような事態に発展したとして――それは市場の健全性回復にとってはいいことだと思いますが、なにしろ日米とも市場の4割から7割までを取引している業者であるからこそ――彼らがポジションを手じまうとか取引停止になる場合、市場の一時的な大混乱は避けられません。

また、超高速取引業者の取引について、どこまでが合法でどこからが違法か線引きするのも難しい作業です。

しかし、このまま野放し状態で超高速取引業者を放置することも、世論が許さないでしょう。特に米国ではその動きがはっきりしてきたと思います。

米国からの報道によると、シカゴの先物トレーダーが世界最大の先物取引運営会社CMEグループを相手どり、集団訴訟を起こしたということです。コンピュータを駆使した超高速取引業者が一般投資家に先駆けて取引データを入手して、それを基に取引することを取引所が認め、公正な市場運営を怠ったと主張しています。問題は拡大しそうな気配です。

チェスの世界も将棋の世界も、人間はコンピュータ（機械）に太刀打ちできなくなりつつあります。相場の世界においても、コンピュータだけが法の目をくぐり抜け、巧みに儲ける必勝法をつくろうとしています。

人間不在の市場でコンピュータだけが24時間休むことなく売買を繰り返して儲ける姿も異様ですが、あまりに発展し続けるＩＴが、肥大化によって自ら滅んでいくような危険性も感じます。

すでに日本の市場のほとんどは、この超高速取引や機関投資家のアルゴリズム取引によって、人間が介在しなくなってきました。

世界中に大量にまき散らされたマネーとともに、コンピュータはさらに暴走を続けるでしょう。

最近の日本の市場のボラティリティー（変動率）は異様に大きくなってきましたが、このまいけば、やがて瞬時の暴騰や暴落が当たり前になるのかもしれません。

第6章

飛躍する米国、低迷する欧州

ハト派のイエレンがFRB議長に就任

「あまりに多くの米国民が職をみつけることができないでいる。我々は彼らを救うことができるはずだ」

次期FRB議長に決まったイエレン氏は、ホワイトハウスの記者会見で抱負をこう述べました。

その中で特に印象に残ったのは、「米国民の雇用をもっと拡大させていきたい」というメッセージでした。私は「We can save」という力強い言葉に目が留まりました。おそらく米国の人々は、彼女の会見に好感を持ったことでしょう。「FRBは強力な手段を有していて、それを巧みに使うことで問題は解決できるはずである」という信念を感じさせる会見だったからです。

私は当初、FRBの新議長はサマーズ氏で決まりと思っていましたが、オバマ大統領は力を失い、自らの意思を通すことが難しくなり、こうしてイエレン氏が新たにFRBの新議長になることが決まったのです。

米国市場だけでなく、世界中のマーケット関係者はおおむねこの人事を好感しました。特に新興国にとっては願ってもない人事で、アジア各国などはホッと胸をなでおろしている様子です。

イエレン氏は市場関係者には人気があります。というのも、市場関係者は緩和に積極的な人、いわば「ハト派」と目される人を好むわけです。それはハト派であればあるほど、経済成長にアクセルを踏むからです。そしてイエレン氏は、「スーパーハト派」と言われるほどFRBの委員の中でも、最もハト派とみられているわけです。マーケット関係者にしてみれば、これ以上の決定はないでしょう。

イエレン氏はバーナンキ前議長の下で、ニューヨーク連銀のダドリー総裁とともに政策の後押しをしてきました。

このバーナンキ、イエレン、ダドリーの3氏はほとんど政策が一致していて、FRB委員の中で緩和方向に意見を引っ張ってきたということは知られています。

ですから、イエレン氏が新議長に就任するということは、完全に今までの路線の継続と思ってよく、そうなれば市場関係者は先行きが読みやすいということもあります。

またイエレン氏は独断専行で物事を決めていくというよりは、十分に議論を重ね、委員のコンセンサスをとって政策を進めていくタイプです。ここがサマーズ氏の強引な手法と違うということで、市場関係者には安心感も与えているのです。

イエレン氏は1946年生まれで、現在67歳。夫は2001年にノーベル経済学賞をもらったジョージ・アカロフ氏、息子も経済学者という学者一家です。

サマーズ氏が問題とされたのはウォール街との関係が深いということでしたが、イエレン氏はウォール街とは全くつながりがなく、学者肌一本で金融政策に携わってきました。FRB理事やサンフランシスコ連銀総裁など、およそ12年間にわたって中央銀行当局者の地位にあり、一貫して金融行政の表舞台を歩いてきたと言えるでしょう。

イエレン氏は「スーパーハト派」と言われるだけあって、雇用に対する思い入れは特に強いようです。元々失業問題が専門の経済学者ですから、雇用問題の解決に注力する面もあります。「私にとって失業率は単なる統計数字ではない」とかつて講演で語っていたほどで、貧困、家庭の崩壊、子どもの教育など、失業から生じる問題を解決したいというのが彼女の大きなライフワークのようです。

なぜイエレンよりも大物のフィッシャーが副議長になったのか

一般的に新しいFRBは、イエレン氏の考えに沿ってハト派的に行動すると思われがちですが、どうもそのようにはならないと思えます。

現在、量的緩和の縮小は順調に進んでいます。今後FRBは市場の大方の見方である、イエレン色を前面に出す超ハト派的な政策から、むしろノーマルな市場のコンセンサスと一致するような政策を進めるか、ないしはタカ派的なスタンスもとっていくと思います。そしてそのカギを握るのが、副議長のフィッシャー元イスラエル中央銀行総裁の存在だと思います。

FRB副議長のフィッシャー／ⒸAFP＝時事

議会承認が手間取って、正式な就任が遅れていたフィッシャー氏ですが、6月17、18日のFOMC（連邦公開市場委員会）から参加することになりました。

今回、FRBを巡る報道の中で驚かされたことは、この副議長人事でした。フィッシャー氏の経歴は輝かしいもので、かつてシカゴ大学、マサチューセッツ工科大学で教鞭《きょうべん》をとり、当時の教え子にバーナンキ前議長やドラギＥＣＢ総裁、そして今回ＦＲＢ議長の本命とみられていたサマーズ元財務長官もいるほどの人なのです。

フィッシャー氏はＩＭＦのチーフエコノミストも務め、最近はイスラエル中央銀行総裁も務めたわけですが、リーマンショック時にはどの中央銀行総裁にも先駆けて金利引き下げを果敢に行い、経済危機を巧みに切り抜けたことは有名です。

こうした一連の経歴と、ここまでに至った実績をみると、フィッシャー氏はイエレン氏とは比較にならないほどの大物感があります。

このような超大物をＦＲＢの副議長に据えては、議長であるイエレン氏は政策遂行がやりづらいばかりか、実際はフィッシャー副議長がリードして政策決定が行われていく可能性もあり、正副議長の力関係が逆転することも考えられます。

会社の人事を考えても、普通はこのような人事は行いません。社長より力のある副社長をおいては社長のリーダーシップが確立せず、重大な経営判断などの難しい問題が生じたときに、混乱が起きる可能性があるからです。

優秀な実力のある大物を顧問としておき、アドバイスを受けるならともかく、副議長というＦＲＢの政策決定者にフィッシャー氏のような大物がいては、イエレン議長は仕事がやりづらくて仕方ないはずです。いかにも唐突感のあった副議長人事の決定は、オバマ大統領、並びに米国政府の中枢の意思でしょうから、ここに米国政府の金融政策における方針を感じ取っておくべきだと思います。

また、ＦＲＢの委員の多くは今回改選されて、ダラス連銀総裁などタカ派的な考えを持つ委員が、政策の投票権を持つ委員として多数ＦＲＢに入ってきました。

ＦＲＢは合議制ですから、イエレン氏のハト派的な考えが、そのまま政策として通るわけではありません。となると、今回のフィッシャー氏の副議長就任はオバマ政権の強い意思を受けたものであり、今後のＦＲＢの動向も、イエレン氏の考えというよりは、内に潜む米国政府の方針も考慮に入れて、政策展開を予想する必要があると思います。

現在のところ順調に進んでいる量的緩和の縮小ですが、今後はどうでしょうか。金融緩和は多くの人々が喜びますが、引き締めは逆です。さらなる量的緩和の縮小、さらにその先の金利引き上げと続くわけですが、この仕事はバーナンキ前議長が行ってきた緩和政策とは比較にならないほど難しく、様々なあつれきから政治的な困難さを伴うものになっていきます。

米国政府として、この大仕事を任せるには実践経験の乏しいイエレン氏では心もとないと考えたのは当然でしょう。オバマ大統領も当初はサマーズ氏をＦＲＢ議長に就任させるべく動いていたわけですが、議会の反対でサマーズ議長を実現させるのは難しいとの判断に至り、断念した経緯があります。

またイエレン氏は清廉潔白ということで議会や国民の受けがよく、また初めての女性議長ということで政権として人気取りができるメリットもありました。しかしこれらの清廉潔白さ――ウォール街で働いた経験がないということの裏返しですが――には、実践的な経験不足を懸念する声も大きかったのです。

この一番難しい局面において、学者肌一本できたイエレン氏には、一抹の不安を感じないわけにはいきません。そこでフィッシャー氏の登場となったわけです。

フィッシャー氏は、あのリーマンショック時にイスラエル中銀総裁を務めていたわけですから、危機対応にもたけているというわけです。

オバマ政権としてはフィッシャー氏を補佐に据えることで、イエレン体制を強力にして出口政策という一番困難な局面を乗り切ってもらいたいという腹づもりでしょう。このような背景を考えると、新しいFRBのイエレン体制は、一般に想像されているほどハト派的な政策は取らない可能性が高いと思います。

FRBにも正確な経済予測はできない

ここでフィッシャー氏とイエレン氏の考え方の違いを指摘しておきたいと思います。まずは「フォワードガイダンス」に対する考え方です。

フォワードガイダンスとは、中央銀行が将来の金融政策について言及することによって政策の透明性を強め、人々の期待に働きかけようとする政策です。

たとえば「FRBは2015年までゼロ金利を続ける」と発表すれば、人々は、金利は2015年中は上がらないと思うので、それによって投資家の投資行動に一定の影響を与えることができます。先の政策のことまで詳しく発表してもらうわけで、投資家としては先が読めてわかりやすいというわけです。

このフォワードガイダンスは最近の中央銀行の主要な政策の一つで、イエレン氏などは非常に積極的です。

しかしフィッシャー氏は、このフォワードガイダンスについては「やり過ぎるな」というスタンスで批判的なのです。フィッシャー氏は「中央銀行といえども、長いレンジで今後のことを予想するのは難しい」と、中央銀行の見方の限界を指摘して、「FRBは現実の出来事に影響を与えようと、フォワードガイダンスとして失業率や金利の見通しを発表しているようだが、中央銀行は経済モデルと予測から出てくる事実を伝えなければならないと私は考える」と述べ、まずは事実を述べる重要性を提示しています。そのうえで「不確定な将来の政策について、FRBの見解を詳しく長期にわたって示すのは行き過ぎである」という考えを示しています。

実は私も、フィッシャー氏に全く同感なのです。日銀もFRBも、最近はECBもフォワードガイダンスを重視して、数年先の中央銀行の政策を示しています。これが一部好評なのですが、いったい中央銀行は数年先まで経済状況を正確に予想できるものなのでしょうか？

バーナンキ前議長は2013年6月に「9月にも量的緩和縮小を始める」と示唆しておきながら、実行できませんでした。経済情勢がFRBの想定通りに動かなかったからです。

FRBは数年先まで金利を上げないと言明するのですが、仮に経済情勢が激変してインフレの加速が起こったとき、政策の転換はなされないのでしょうか？

バーナンキ前議長は量的緩和の縮小の決定について、「経済データ次第」と言明してきました。ということは、経済データが変われば、その都度政策について判断するわけです。そうなれば、数年先まで政策を予想するフォワードガイダンスを行っていては、政策の幅が狭まり（政策の）自由度がなくなります。

FRBや日銀が「フォワードガイダンスで今年中は金利を上げないと言明したけれども、情勢が変わったので金利を引き上げます」というように追い込まれないとも限りません。そんなケースを想定すれば、フォワードガイダンスなど行わないほうが賢明です。だからフィッシャー氏は、フォワードガイダンスのやり過ぎに警鐘を鳴らしたのです。

フィッシャー氏は2013年9月、FRBが量的緩和の縮小を先送りした時点でマスコミのインタビューに答えて、「あなた方はFRBが何をしようとしているか予想できないでしょう。なぜでしょうか？　それはFRBにもわかっていないからですよ」と述べたのです。

要するに、FRBも完璧に将来を予測することはできないと認めているのです。将来を予測できないFRBの行動を、マスコミが正確に予測できるわけがないと言っています。であるならば、フォワードガイダンスなどといってFRBが将来の政策を詳しく年限まで示唆するのは完全に行き過ぎであって、間違ったときに市場を大混乱させるだけだというわけです。

このようにフィッシャー氏は中央銀行の見方の限界を示し、実践的にフォワードガイダンスをやればやるほど、その見方が誤ったときに中央銀行の政策の柔軟性と信頼が失われることを恐れているのです。至極当然の見解と言えるでしょう。

米国は金融緩和の縮小に成功するか

一方でイエレン氏は極めて強いハト派の主張を展開していて、自身は「オプティマル・アプローチ（optimal approach：最良の取り組み）」という政策を提唱しています。

これは経済情勢に不確実性があるときは金利の引き上げをできるだけ遅らせ、経済が誰の目からみても過熱していると判断できる局面に至って初めて、急速に金利の引き上げを行えばいい、という考えです。

ですから過去の経験に照らせば、かような資産価格の暴落による経済悪化の後始末には、なるべく大胆にインフレ政策や金融緩和をやり過ぎるくらいまで続けるべきで、完全に回復基調になってから、次の一手である金利引き上げを行えばいいという考えです。

彼女のこの考えにも一理あるとは思いますが、彼女がリーダーシップをとって、ＦＲＢの政策としてオプティマル・アプローチを行えるかどうかは疑問と言えるでしょう。

ＦＲＢは出口政策という最も困難な局面に向かっていきます。ＦＲＢが決められる短期金利はゼロに保っていますが、長期金利（米国債10年物）は一時期３％を超えていました。しかし最近は低下してきて２・５％台にまで下がり、落ち着いています。

大方の見方として、今後FRBは毎回の会合で100億ドルずつの緩和縮小を続け、秋にも量的緩和政策を終了させる予定と思われます。米国経済の状況は今のところ順調ですが、今後、長期金利の上昇が起こる可能性は否定できません。

また、米国経済の復権、ドルへの回帰による大規模な資金移動の流れから、新興国からの資金流出が再び起こってくる可能性があります。今年になって新興国の株式市場も落ち着いていますが、この状態が続くとは限りません。再び混乱が始まった場合、FRBの舵取りは難しく、フィッシャー氏とイエレン氏の考えの違いが表面化してくる可能性もあるでしょう。

1987年8月11日、FRB議長がボルカー氏からグリーンスパン氏に移った直後、歴史に残る株の大暴落「ブラックマンデー（1987年10月19日）」が起きました。また、2006年グリーンスパン氏からバーナンキ氏に移った後には、リーマンショック（2008年9月）の洗礼を受けたのです。共に前任者のツケが一気に噴き出したものと言われています。

そして今回、バーナンキ氏からイエレン氏に議長が交代しました。まるで大規模な混乱を予想して、経験不足のイエレン氏を補佐するかのごとく、超大物・フィッシャー氏がFRBの副議長に就任したのです。

今後米国は、量的緩和政策を終了させて、金利引き上げに動くという正常化への道に着手するでしょう。米国経済は今のところ極めて順調に推移しています。

苦悩するECB

「これは最後ではない」――ドラギ総裁はそう念を押しました。2014年6月5日、ECBは包括的な金融緩和策を発表したのです。

それによると、政策金利はわずか0・1％の引き下げ。というのも、政策金利はすでに0・25％ですから、もう下げる余地がないからです。

さらに域内の企業に貸出を促す狙いで総額4000億ユーロ（約56兆円）に及ぶ長期の資金の供給、そしてマイナス金利の導入です。

これによってユーロ域内の銀行は、ECBに資金を預けていると、金利を取られることになったのです。ECBとしては、何とか域内経済活性化のために銀行による積極的な資金供給を促したい、という苦肉の策でした。

マイナス金利の導入は噂されていたものの、主要な中央銀行としては初めての試みとなりますので、その効果がどう出るのか、興味深いところです。

しかし、大方の見方としては、マイナス金利を導入したからといって、域内の銀行が融資に前向きになるとは思われていません。

自分のこととして考えればわかりますが、いくらお金があったとしても、危ないところにお金を貸すわけにはいかないでしょう。勢い、安全性を求めて、より確実に金利が取れそうなところに資金が流れていくのは当然なのです。

実際、マイナス金利の導入後にユーロ圏で起こってきたことは、まさに資金の安全資産への逃避だったのです。域内の国債、特に短期で償還になる年限の短い国債を購入しようとする怒涛の資金の流れが起き、ドイツやフランス、イタリアやスペインの2年債は、1カ月前に比べ、利回りが一気に半分にまで低下（価格高騰）したのです。

それでも、国債購入の勢いが止まることはありませんでした。資金の流れは長期償還の国債にまで波及してきたのです。

こうしてスペイン国債やイタリア国債の10年物は、史上最低水準の金利（価格最高値）まで下がりました。スペインの10年物国債に至っては6月9日、金利が2・58％となり、ついに米国債10年物の2・6％をも下回ったのです。

経済が好調で信頼感のある米国の国債よりも、失業率が25％を超えて先行きが懸念されているスペインの国債のほうが利回りが低いというのは異常事態です。

金利は、いわば信頼の証です。米国債よりもスペイン国債のほうが信頼に値するというのでしょうか。

ＥＣＢも悶《もだ》え苦しんでいます。ユーロ圏の景気は底を打って回復基調とはいえ、その速度は極めて遅く、まるで日本の20年にわたるデフレと同じ道のりを歩むかのような様相です。

とにかく「経済の体温」と言われる物価が上がりません。失業者が溢れているわけですから、域内全体の購買力もありません。必然的に賃金も上がらないでしょうから、ここ数年のユーロ高と相まって物価が上がらないのも当然です。

特に南欧の経済状態は酷く、ギリシャやキプロス、スロバキアやポルトガルでは、４月の物価上昇率はマイナスとなりました。

好調と言われるドイツでさえ、０・６％の上昇でしかありません。

ユーロ圏の物価上昇の目標値は２％ですが、そんな目標ははるか彼方です。圏内全体の物価上昇率をみても、２０１１年暮れの３％から低下傾向で、今では8カ月連続で１％割れ、５月はわずか０・５％の上昇です。

２０１０年にはギリシャの破たん懸念から「ユーロ崩壊か」と噂されていました。その危機を乗り越えたとはいえ、危機から5年近く経過するのに、いっこうに景気が盛り上がってこないのです。

底を打ったとはいえ、成長率はほぼゼロ、失業率は米国や日本と比べて突出して高く、記録的な高水準が続いています。

ユーロ経済はどうなるのか

そして域内の不満も頂点に達しようとしています。5月下旬に行われた欧州議会選挙では、反EUの嵐が吹き荒れました。英国、フランス、ギリシャなどで左右両極の「反EU政党」が大量に議席を伸ばしたのです。

いかにユーロ圏の人々が、自分たちの置かれた状況に不満を抱いているのかがわかります。もちろん彼らの不満はいっこうに上向かない経済状況と、それに伴う深刻な失業問題、そしてそれらの不満は各国の移民政策や緊縮財政に向かい、ついにはユーロ圏の統合という根本的な理念の否定にまで発展しつつあるのです。

かような状況を打破するには経済の回復を急ぐしかないわけですが、その決め手がないのがECBの苦しいところなのです。

ECBがまず取り組みたいのは、ユーロ高の是正です。通貨が高いのですから、物価が上昇する道理がありません。ユーロ高がインフレ率を低下させ、企業の輸出競争力をそぎ、業績に悪影響を与えているのは明らかです。

1～3月期の欧州主要600社の1株当たりの利益は、2％増に留まりました。4月上旬の予想では5％程度の増益予想だったのですが、売上が伸びてこないため、回復の度合いは市場の予想を下回ったのです。

同様に600社の1～3月期の売上高は、1・8％の減少です。売上高が落ちていては、儲けられるわけはありません。明らかにユーロ高が各企業に悪影響を与えているのです。

主要通貨にはドル、ユーロ、円とありますが、「通貨安競争」という面から考えると、ユーロはどうしても分が悪いのです。それは、通貨安に誘導するための政策的な切り札、「量的緩和政策」を取れないからです。

通常であれば、通貨の発行量を増やせば、通貨価値が減価して「通貨安」に誘導することができます。

その場合、最も効果的で手っ取り早いのが量的緩和政策です。その国の中央銀行が紙幣を印刷することによって自国国債を直接購入するのですから、あっという間に紙幣の発行量が増えます。

今の日本がいい例です。毎月7兆円ずつ日銀が円紙幣を印刷して日本国債を購入していますので、確実に円の発行量が増加しています。米国も量的緩和政策終了に向かっているとはいえ、まだその最中にありますので、今でも毎月3兆円近い金額のドルを発行して米国債を購入しています。この米国の緩和は今年秋には終わる予定ですが、そのばらまかれた資金をいつ回収するのかは定かではありません。

今回ECBは金利引き下げと長期資金の供給、並びにマイナス金利適用を決めたものの、この政策が量的緩和政策のように、即座にユーロ紙幣の発行量を劇的に増やすものでもありません。そうなると今回の政策だけでユーロ高の傾向が止められるのか、という懸念が市場にあるわけです。

ユーロ相場を対円でみても、ギリシャ危機当時は1ユーロ＝100円割れにまでなっていましたが、今では138円近辺です。ユーロを対ドルでみても、2011年10月以来の1ユーロ＝1・4ドル程度の高値近辺となっています。

まずはこのユーロ高の状況を止めたいのがECBの本音と思いますが、日米のような、量的緩和という劇的なマネー供給策を使ってこなかったツケが回っていることは確かです。

今回、「これで最後ではない」とドラギ総裁が記者会見で凄んでみせたのも、ECBにはこの「量的緩和という最後の手段を取る用意がある」というところをみせて、市場にユーロの先安感を抱かせたい、という思惑からなのです。

かつてドラギ総裁は、「ユーロを守るためなら何でも行う」と宣言しました。その発言を契機として、投機筋は域内の国債の売り仕掛けをストップ、ユーロ危機が収まったという経緯があります。

今回も同じで、ドラギ総裁は市場に強い覚悟をみせることで、何とかユーロ高を止めようとしているわけです。

ＥＣＢのクーレ理事は、「ユーロ圏の政策金利は長期にわたって低金利にとどまる」と述べました。

これはＥＣＢ関係者が、今回のユーロ圏における低インフレ傾向は、簡単に収まるものではないと意識していることを示しています。

ドラギ総裁は凄んでみたものの、今後この発言と今回のマイナス金利導入によってユーロ高が収まるのかどうかについては、市場関係者の意見は分かれるところでしょう。

とはいえ、「口先だけの介入ではユーロ高の傾向を止めることはできず、今後ＥＣＢは量的緩和に追い込まれていく」という見方が大勢なのが現状です。

先にスペイン国債やイタリア国債など域内の国債が買われてきていることを指摘しましたが、その背景のひとつは、「いずれＥＣＢは量的緩和政策に追い込まれ、域内の国債を購入することになる」という見方が根強く底流にあるということです。

ないしは、もうＥＣＢの持つカードは量的緩和しかなく、この最後のカードを使うのは時間の問題であるという見方なのです。

ところが、この量的緩和政策がユーロ圏では難しいわけです。これは常に指摘されていることですが、ユーロ圏は18カ国ありますので、量的緩和政策を実施したとき、ＥＣＢがどの国の国債をどのくらい買うのか、という問題があります。日本や米国のように、自国の国債を購入するだけとは違うのです。

「域内の国債を発行額に比例して買えばいい」という意見もあり、これは一見すると道理に合うような気がしますが、実はこれも難しいのです。

ユーロ圏内で国債発行量が最も大きい国は、一般的に考えれば域内最大の経済力を持つドイツだと思うわけです。ところがユーロ圏内で大量の国債発行を行っているのはイタリアであり、次いでフランスなのです。

こうなると発行額に比例して域内の国債を購入するという措置を取れば、結果的に財政赤字を増やして国債をできるだけ発行した国が有利になってしまいます。これこそまさに財政赤字の補てんであり、財政ファイナンスへの応援となるのです。これはＥＣＢやドイツが最も嫌うことなのです。

かようにＥＣＢによる量的緩和政策には、かなり高いハードルがあるのです。

しかし市場は、今回のマイナス金利にまで踏み込んだ対応をみて、ＥＣＢの政策的な手段が尽きていることを見透かしています。もう1回ユーロ高に誘導されれば、否応なくＥＣＢは量的緩和に打って出るに違いないと思われています。

ドラギ総裁は「これが最後ではない」と凄んでみたものの、市場を説き伏せられるかどうか、まったく予断を許しません。こうしてＥＣＢの苦悩は続くのです。

第7章

インフレをうまく活用して資産を増やせ！

なぜドル投資がいいのか

米国経済の強さ、ニューヨークダウをはじめとする米国株式市場の強さ、並びにドルの強さが目立ってきています。リーマンショック時は、「ドルが大暴落して世界はカオスのような状態に陥っていくのではないか」という不安が全世界を覆っていたわけですが、あれから6年経ち、今では再び米国の経済的な強さが際立つようになりました。

私は2011年11月末のドル円レートが75円台のときを契機として、円相場は歴史的な天井打ち、ドルは今後大きな上昇相場に入っていく、と指摘しましたが、現実にドルは強くなる一方です。ドル高への歴史的な動きが始まっていることは何度も指摘してきましたが、もう一度多角的にドルの強さの源泉をみていきたいと思います。そしてなぜドルなのか、という視点に立って、現在の世界的な通貨事情も捉えてみたいと思います。

米国は昔から、ドルの大量の垂れ流しを指摘されてきました。米国は貿易赤字であり、経常赤字でもあるわけですから、他国から資金が入ってこないと、資金不足で国家を運営できない状態です。

そのうえ日本ほどではありませんが、政府は借金漬けです。OECDの指摘によれば、20

14年現在で日本の借金はGDP比232%ですが、米国だってGDP比106%の借金があります。とても健全経営な国家とは言えません。

しかもリーマンショック後、米国の中央銀行であるFRBは、QE1、QE2、QE3という、いわゆる量的緩和政策を繰り返し、以前にも増して大量のドル紙幣を印刷し続けました。

ここにきてこの量的緩和政策の終了に向かって動いてはいますが、未だに大量に印刷したドル紙幣を回収しようとするわけでもありません。また昨今のオバマ政権の力量不足は、世界の不評を買っています。ロシアが横暴にもクリミアを奪取したのも、米国の力の衰えが影響したことは疑いようもないでしょう。中国もそれを見透かしたかのように、日本やベトナム、フィリピンなどに強気で横暴な挑発を繰り返すようになりました。

このような情勢は最近、政治学者イアン・ブレマーに「Gゼロの時代」と言わしめましたが、米国の弱体化が世界を不安定にさせているのです。そんな弱くなった米国のドルが、なぜ買われるのでしょうか?

様々な視点がありますが、まずは現実的に世界中で膨大なドル需要がある、ということです。

つまり、どの国も自国の通貨を持っているので、もしものときに備えて、各国の中央銀行は通貨を防衛できる体制を備えておかなければなりません。通貨防衛と言えば、自国の通貨を買い支えるわけですから、その対象がドルということです。世界で一番出回っている通貨は圧倒的にドルですし、一般的に通貨価値を守るということは、ドルの通貨価値に対して自国のレートを守る、ということにほかなりません。

であれば通貨防衛時は、ドルを売って自国通貨を買うこととなります。その場合、手持ちのドルがなければ売ることができず、自国の通貨を防衛できないのが現実なのです。ですから世界各国の中央銀行は、ドルを準備通貨として保有して、もしものときに備えるのです。

アジア各国などは1997年の通貨危機に懲りて、その後は外貨準備として大量のドルを保有しているわけです。まさにドルを購入し、保有しておくことは、その国にとっては通貨を守るための現実的な保険なのです。ですからドル需要は衰えないのです。

それ以外にも、自国の輸出条件を有利にするため、為替介入を行うことによって自国の為替レートを引き下げ、輸出競争力を高めて、自国の経済を活性化させるという方法も一般的です。日本などが公然と為替介入をして、ドル買い円売りを行えば、かなりの非難を浴びるでしょうが、ほかの小国では公然と為替介入が繰り返されています。

世界第2位の経済大国である中国などは、為替介入を日常茶飯事で繰り返しています。お隣の韓国も公式には認めていませんが、堂々と為替介入を繰り返しているのです。アジア各国は似たり寄ったりで、どこの国も為替介入には積極的です。

では為替介入とは何か、ということですが、これも自国の為替レートを、ドルに対して弱くするための手段ということになります。円を買って自国通貨を売るなどという為替介入は、当然のことながら、どこの国も行いません。あくまでドルに対して、自国通貨を売る介入を繰り返すわけです。

となると結局は、これもドルへの需要にほかなりません。中国も韓国も自国通貨を売却すると同時に、ドルを購入することによって自国の通貨レートを引き下げ、相場を自国にとって都合のいい水準に持っていくわけです。それによって輸出を増やし、経済を活性化するのです。これが世界中の国々で行われるわけですから、ドルの需要が衰えるはずもありません。

では民間の銀行はどうでしょうか。これも面白いことに昨今は（特に国際業務を展開する巨大銀行については）、ＢＩＳ（国際決済銀行）の新自己資本規制（バーゼル３）によって、安全資産を組み入れることが義務付けられてきました。

安全資産とは何でしょうか？　株や不動産ではありません。ＢＩＳのいう安全資産とは、主に国債のことです。現実的な選択として広範な国際業務を行うような巨大銀行が保有すべき国債といえば、日本国債というわけにはいかないでしょう。

当然世界一流動性がある米国債ということになります。これも現実的なドル需要となります。

このような世界の官民の膨大な需要が、ドルを支えています。ドルが強いから選好するというよりは、今の世界のシステムの中で、自国のためや、民間の巨大銀行も自行のためにドルを購入しており、これからも購入することになるのです。

これからドルはさらに強くなる!

現在、米国を除く世界の中央銀行と投資家を合わせた米国債の保有残高は6兆ドル(約612兆円)を超えており、その額は年々増え続けています。

かように考えると、やはり世界に最も流通している通貨の強みは圧倒的なわけです。すでに世界で広く流通していることが、多くの需要を生み出す背景にもなっています。

このドル体制を変えるためには、現実的にドルに代わるだけの通貨が出てくればいいわけですが、それがいっこうに現れないのです。ユーロも影響力を拡大しつつありますが、やはり問題も多く、ドルほどの力は有していません。

また、次に思い浮かぶのは中国の元ですが、これが全く準備通貨としては役に立ちません。元は各国の中央銀行が準備預金にする通貨として、世界に流通できるようなシステムにはなっていないからです。というより、中国自身がそれを許してくれないわけです。

中国は、為替市場を開放していません。中国の元は中国との輸出入に限って使うことを許されているだけで、資本取引に使うことは禁止されています。

ということは、ある国が中国の元を保有しても、ほかの通貨と交換することもできないし、市場で自由に売り買いすることもできません。為替介入によって元を購入して、自国通貨を売るなんて芸当はできるわけもないのです。

これでは元を保有していても、いざというときに役に立ちません。ですから世界中の中央銀行が、元を準備通貨として大量に保有するというわけにはいかないのです。やはり自由に売買できる、つまり、市場が開放されてオープンになっていることは、世界に通用する通貨としては最低限の条件なのです。

そう考えると、世界で基本的に通用する通貨は主にドル、次にユーロ、そしてその後は日本円やポンドということになり、次いで流動性は落ちますが、オーストラリアドルやカナダドルということになります。

これが世界の通貨の現実です。となると、ドルを購入するしかない現実がわかってくるはずです。決してドル自体に魅力がなくても、ドルを保有する、ドルを購入していくしか方法がないという消去法的な現実があるわけです。その大本の米国経済が順調なので、ドルが余計に信頼感を回復して強くなっているのが、今の流れと思えばいいでしょう。

そんな中、米国はドルを大量に印刷し続けた量的緩和政策を終了しようというのですから、当然今までのようなドルの大量供給はなされなくなっていくわけです。このような理由から、ドルの価値は安定して上がっていくという展開に入っているのです。

そして、何といっても一番大きいのは、シェールガス革命です。2011年の米国の経常赤字は4659億ドルで、同じく2011年の米国のエネルギー輸入代金は4623億ドルでした。かように、かつての米国の経常赤字の大半は、エネルギーの輸入代金ということで説明がつきます。

ところが米国では、エネルギー不足がシェールガス革命によって自前ですべて確保できる形になったどころか、一転して輸出まで行うというのです。IEA（国際エネルギー機関）によれば、米国はここ数年でサウジアラビアを上回る世界一の産油国になるというのです。

これでは米国の経常赤字など、数年で消滅するのは当然です。こうして米国の経常赤字も財政赤字も驚くべき勢いで減少していきます。これではドルが弱くなる道理がありません。

このようにドルを取り巻く環境は盤石なのです。確かに40年以上前、1971年のニクソンショック後、ドルは金とリンクしなくなり、ドルの大量たれ流しが始まりました。そのときの金価格は1トロイオンス当たり35ドル。ドルの限りない発行によって40年経った2011年9月には1トロイオンス当たり1923ドルというふうに、金価格はドルに対して40年間で55倍になりました。このように、ドルの価値は大幅に減価し続けてきたのです。

しかし、ここにきて米国経済はついに正常化、量的緩和の終了によってドルの価値が上がる流れになってきたのです。ですから金価格がドルに対しては下がり始めた昨年２０１３年には、13年ぶりに年間で金価格が下がるという現象が起きたのです。

いわば、ドルが通貨として復権しつつある流れの中で、アンチドルの受け皿だった金の価値が相対的に落ちてきたということです。

今後もドルの復権は続き、さらに世界の中で輝きを増していくと思われます。

そういう意味ではドルが通貨として機能するわけですから、金利のつかない金は売却して、ドル投資を行う、という基本的な流れが今後は主流となるでしょう。

金は売却して株を買え

かように世界の資金は、ドルへ回帰しようとしています。そうなるとドルの運用では金利がつきますから、ドルの魅力が増すにつれ、金から資金が逃げ出すという状況が加速していくわけです。

株は配当がつくし、債券も金利がつきます。しかし金は値上がりで儲けるしかありません。

ですから先高感がなくなると、一気に人気が落ちてしまうわけです。

2000年以降、金相場は一貫して上がり続け、12年に及ぶ上昇を続けました。それが2013年に初めて年間で下降に転じたわけで、これは相場のトレンドが根本的な変化をきたしたとみたほうがいいでしょう。いわばドルがその価値を回復するに従って、相対的な金の魅力がなくなってきたということです。

今までは世界中でドルに対しての根強い不信感があり、根本的なドル不安があったわけです。だからこそ買われていた金だったのですが、もはやドルが世界一強い通貨に戻ろうとしている今、金の出番はなくなったのです。

今後も金相場については、短期で下がればそのリバウンドを狙った買い付けは入るでしょうが、よほど大きな事件でも起こらない限り、上値を大きく買っていく動きは起こりそうもありません。今年上昇して高値をつけたのも、ウクライナ情勢の緊張が激化したときだけでした。私も自分のセミナー、並びにレポートで昨年初めから再三指摘してきましたが、金は売却して株を買うべきだと思います。

ユーロに投資すべきか

通貨に対しての投資は、ドル一本でいいと思います。

ユーロも有力な投資対象と思えますが、やはり問題があり過ぎます。現在ユーロ圏の株式、並びに債券相場には、世界中の投資家から資金が流入しています。これを受けて株式市場は6年ぶりの高値、ユーロ圏各国の国債市場も高値（金利低下）となっています。

しかしユーロ圏経済は底を打ったとみられているものの、その成長力はいっこうに加速しません。水面下からわずかに浮上しているだけで、経済成長に勢いがつかないのです。かろうじてドイツだけがユーロ圏経済を引っ張っている状態です。

ユーロ圏全体をみると、失業率は若干改善しているとはいえ、まだ11・7％もあり、とても雇用情勢が改善しているとは言えません。スペインやギリシャも相変わらず25％を超える失業率です。ユーロ圏全体を見渡しても、若者の失業率は23％を超えています。どうしても域内の格差が埋まりません。南欧、いわゆるスペイン、イタリア、ギリシャなどの経済の構造問題が簡単には改善できないのです。これら南欧諸国は景気がマイナス成長からは脱したものの、力強い回復にはほど遠い状況です。まるで長年デフレに苦しんできた日本のように、景気低迷からの物価下落が止まらず、経済が活性化しないのです。

前にふれたように、ＥＣＢは景気低迷に並々ならぬ危機感を持って対応しようとしていますが、実はその効果は未知数です。様々な手立てを尽くしても、統一通貨の矛盾からくる問題点は容易には解決できそうもなく、いつまた深刻な問題が噴出してくるかわかりません。

ＥＣＢの政策は評価するにしても、先のみえないユーロには投資すべきでないと思います。

国債暴落は受け入れるしかない

第2章で指摘したように、最終的に日本国債の暴落（金利急騰）は避けられないと思います。この国債暴落については国家破たん、財政破たんなどのネガティブなイメージばかり先行するのですが、少し考え方を変えてみることをおすすめします。

私が国債暴落について話をすると、「朝倉さんはよく暗い内容を、明るく言うことができますね」と驚かれます。国債暴落の話をするときは、日本国の借金の額を考えれば返せるはずなどなく、私としては極めて普通のことを話しているに過ぎないと思っていますので平気なのですが、最近、この話題を明るく話せるわけがわかりました。

実は私は、国債暴落をそんなに悲惨なこととは考えていないのです。

確かに国家財政が破たんするわけですから厳しい局面が訪れるのは当然ですが、だからといってこの世の終わりのようなことではないわけです。むしろ国債暴落によって、日本は今までたまっていたツケが一掃され、新しい夜明けを迎えることができると思っていいのです。

実際、世界の歴史をみても、国家の財政破たんなどというケースは山のようにあります。

最近ではお隣の韓国も1997年のアジア危機に際して、実質国家破たん状態となりました。同じ時期、ロシアもデフォルト宣言をして、国債が償還されなくなりました。当時のアジア危機ではタイから始まって、アジア各国が連鎖的に破たんに追い込まれていきました。

しかし、国家財政が破たんしたといっても、それらの国が消えたわけでもなければ、多くの死者を出したわけでもありません。実際アジア各国は、危機の後、数年のうちに経済を回復させ、再び成長軌道に入っているではありませんか。戦争のように人々が殺し合うような悲惨さはなく、大地震のように人々がなすすべもなく津波に呑み込まれるようなこともないのです。

考えてみると、国家の財政破たんなど世界の歴史をみれば、日常茶飯事のように、どこかで起こっているわけです。今でもアルゼンチンは破たん直前ですし、ジンバブエはハイパーインフレから脱したばかりです。

1980年代後半、日本ではバブル景気を謳歌《おうか》していましたが、当時、ブラジルやメキシコをはじめとして、中南米諸国は次々と財政が破たんしていきました。これらの国はどこも地図から消えたわけではありませんし、例外なく混乱は一時期で、その後多くは経済回復を遂げています。

日本にしても１９４６年は新円切り替え、預金封鎖ということで、実質的な国家の破たんによる酷いインフレを経験していますが、それらも太平洋戦争の悲惨さに比べれば、戦後の混乱期の一場面でしかありません。

かように国債暴落は悲惨なことではありますが、それが国家の終わりとか、再起不能などという話ではないのです。

実際仮に日本で国債暴落が起こって国家が財政破たんしたとして、トヨタやキヤノン、ソフトバンクやＮＴＴ、ファーストリテイリングが潰れるでしょうか？　潰れるはずがありません。輸出産業は円安によって輸出がしやすくなるかもしれません。ソフトバンクやＮＴＴの通信機能を人々が使わなくなるということもなければ、車に乗らなくなるということもありません。

一時的に売上が落ちることは避けられないでしょうが、多くの日本企業は現在、盤石の財務体質を有していますから、国債暴落のようなショックが起こっても、潰れるはずはないのです。

国家財政は破たんしますが、それで日本のすべてが機能しなくなるというわけでもありません。世界の国家破たんのケースをみても、大体の場合、若者などはたいした影響も受けずに、新しい波に乗っていくことが多いのです。

国家破たんで苦しむことになるのは、いわゆる弱者や年金生活者、生活保護など国から庇護《ひご》を受けている層、並びに国から給料をもらっている層、そして公共サービスなど国や公共団体の関係者です。企業によっては、混乱期をチャンスとして伸びるところもあるはずです。

ただ国債暴落となれば、円の価値もなくなるでしょうし、金融的な連鎖破たんも相次ぐでしょう。ですから、それに対応できる人と対応できていない人で、雲泥の差が生じてくるわけです。

その危機を予知して乗り切った人たちが次の経済の流れをつくり、新しい世の中を築いていくわけです。幕末に徳川幕府が倒れ、大名や武士など旧特権階級が没落して、下級武士や町民など、その下の新しい階級が次の世の中心的な勢力になったのと同じことで、国債暴落のような激しい国家の変革時においては、それを前もって予期し、行動した者が新しい流れをつくる主役となるのです。

それでは、そのような一大事が起こったときに資産をどのように守るべきか、さらにその変化を利用して、いかに劇的に資産を増やすべきか？

話は極めて単純で、来るべきインフレに備えた投資を行うべき、ということにつきます。それも普通のインフレではなく、激しいインフレになりますから、それに対応できる準備をしておかなければなりません。

元々、1000兆円という日本の借金がまともに返せると思うことがおかしいのであって、極めて普通に日本の財政的な将来を予想して、それに対応すればいいだけの話です。悲観することはありません。そのときを乗り切れば、まさに時代の勝者となれるのです。そして国債暴落後の新しい時代をつくる立役者の一人となって、次なる日本の復興を手助けすればいいわけです。

このように考えれば、国債暴落や日本の財政破たんなど恐れる必要はありません。むしろ避けられない将来的な事実を積極的に明るく受け止め、精神的にも資産運用の面でも用意万端にしておけばいい、ということです。

なぜ今回の相場はとてつもなく大きいのか

株式市場が大きな上げトレンドに入ってそれが数年続くことは、歴史的に何度も繰り返されています。その各々のケースを振り返ってみると、おのずと特徴があることがわかります。

たとえば2000年のネットバブルの相場のときは、インターネット関連株が軒並み大相場を出しました。ヤフーやソフトバンク、光通信の株価は100倍近くになりました。当時はインターネット関連というだけで人気化し、驚くべき水準まで買われていたのです。これはインターネットという新しいツールが社会を大きく変え、経済構造も劇的に変えていくという見方が広がったからです。

当時、このインターネットの出現によって、産業革命に匹敵する変化が訪れると言われました。現実に今のようなインターネット社会が到来しましたが、そのときに株価が躍っても、最終的に生き残っているインターネット関連株は数少ないのが現状です。

またソフトバンクや光通信などの人気株も、インターネットバブルが崩壊したときは暴落状態になり、株価は数十分の1になりました。このように2000年のインターネットバブルのときの相場の主役はもちろん、このインターネット関連株だったわけです。

1980年代後半のバブル相場を振り返りますと、過剰流動性相場と言われるだけあって、まさにバブルと呼ぶにふさわしく、あらゆる株が買われました。

当時、1985年のプラザ合意以降、円高が急速に進みました。そのため日本では国内に大量の資金が滞留し、低金利のため、ありあまった資金が行き場を求めて株式市場と不動産市場に殺到したのです。1億総不動産屋と言われ、国内の土地という土地は急騰、使えない土地だろうが原野だろうが、価格が上昇したのです。

株式市場ではすべての株が買われ、1000円割れの株はなくなる、と言われました。現実に当時は1000円を割れている株は数えるほどだったのです。東証に上場していれば、最低1000円は保証されるというイメージでした。

今でいう配当利回りなどのインカムゲインを、株式投資に期待する投資家はいませんでした。というのも、国債の金利は6～8％だったわけですが、株式投資ではそれを大幅に上回る収益を得られるのは当然という感じで、投資家にとって配当など眼中になかったからです。

PERは60～80倍は当たり前でした（現在東証全銘柄の平均PERは14倍程度）。

この当時の人気株は、金融や不動産、建設といった内需関連でした。野村證券や当時の住友銀行などの金融、三井不動産や三菱地所などの不動産、そして土地を持っている会社も大きく物色されたのです。

そして今回の相場を考えた場合、1980年代後半のバブル時のスケールを、一回り大きくした相場になると考えています。というのも、当時は円高によって国内に資金が大量に滞留し、それが投資に向かったわけですが、今回は逆に常軌を逸した金融緩和によって円の価値を減価させ、円安にして無理やりインフレを起こそうとしているからです。

円高が過剰流動性を招いたバブル相場とは違い、円安が起こすインフレによって生じる、超がつくほどのバブル相場です。今回もトヨタなど自動車産業をはじめとする輸出産業がかなり上昇していますが、これら輸出産業の輸出数量はさほど増えていません。円安による為替差益で儲けているわけで、いわばまさに円の価値がなくなった、見方を変えればインフレで儲けているということです。

今回の相場は、限りないマネーの印刷によってインフレを引き起こし、それによって生じてきた相場です。ですから非常にきわどく、ひとたびインフレに火がつくと、止まらなくなる可能性が高いのです。輸出関連株や業績が好調な株が教科書的に買われるのは、現在のような程よいインフレが生じている間だけでしょう。

これから到来するのは、マネーの刷り過ぎによる本当のインフレであって、ついに本当に金利が上昇し始める世界（国債の暴落）がやってくるのです。

そうなれば、持続不能な日本の財政問題に、必然的にスポットライトが当たります。こうなると業績で買われていた銘柄群は勢いを失い、真正のインフレ到来を見据えて、土地を持つ会社の株や不動産関連株、資源関連株だけが大きく物色されることになるでしょう。

本物の投資家は、事件発覚後にオリンパス株を買っていた

ここで投資の心構えについて書いてみようと思います。私がよく講演会で話すことは、「投資で重要なのは、頭でなくて腹だ」ということです。自分の決めたことを貫くという強い意志こそが、一番重要であるということです。

一般的に投資は、日本人には向いていません。勤勉で真面目な日本人は、投資で儲けるということに潜在的な罪悪感があるようです。それはそれで日本人らしい立派な考えとは思いますが、現実問題として投資が非常に重要であることも事実です。

実際に多くの人たちがお金を預けている銀行や生保、年金なども、すべて投資することによって収益を生み出しているわけです。投資はやらないと思っていても、実際はすべての人のお金は回り回って何かに投資され、その結果として金利なり利息がついているのです。

ですから、あらゆる人は直接的、間接的に投資に絡んでいるわけで、こう考えると投資が重要でないわけがないのです。

その中で日本人は、外国人と比べて非常に投資下手です。物づくりでは世界に冠たる技術を

有しているし、芸術や文化、スポーツなど世界的にみても、一流になる素質を有していると思いますが、投資のことになると苦手であり、下手くそなのです。

また、投資というものは本来、独自の考えややり方で行うものですが、日本人はそれが苦手です。日本人は仲間と一緒に行動するのが好きで、ほかの人と違うことをするのを嫌います。孤立することを嫌い、多くの人と同じような行動をしていると、安心感を覚えるようです。自分だけが他人と違う行動をするのは勇気がいるものですが、一般的に日本人は突出することを嫌います。この辺の国民性が、日本人を投資下手にしていると感じます。

やはり投資の場合は、自分の信念を貫く必要があります。大多数の人が「今投資は駄目だ」と言うときこそ、投資のチャンスなのですが、この辺の発想が難しいのが実情です。

単純に投資の仕組みを考えれば、人とは逆の発想が重要なことはわかるはずです。たとえば、ある株を皆がいいと言うときは、その時点がその株のピークであり、株価も妥当な水準よりも高い状態にあるわけです。

一方で、大多数の人が見向きもしない株は、割安に放置されている可能性が強いでしょう。人気がなければ割安、人気があれば割高というのが世の常ですから、大多数の意見に従わないことが、割安株を発掘するための一つの条件でもあるわけです。

このあたりは普通の感覚と逆になります。多くの人がいいと思っている株に投資するのは危険で、多くの人が悪いと思っている株への投資はチャンスだと思えばいいのです。

業績悪化やスキャンダル的な悪材料を報道されている企業の株に投資することは、絶好のチャンスであると考える発想が重要です。最近ではオリンパスの株などはその典型でしょう。

オリンパスは2011年10月、バブル期に巨額な損失を隠していたとして連日報道され、マスコミに徹底的に叩《たた》かれました。この報道を受け、株価は1カ月間で2500円台から何と424円まで、6分の1近く暴落したのです。

ところがオリンパスは、内視鏡などでは世界一の技術を持っており、製品も世界中の専門医から支持されていました。いくら問題が噴出したとしても、世界一の技術を持っている会社が消滅することなどあり得ません。

ですから、あのようなスキャンダルが出て、売り叩かれているときこそ、勇気を持って購入していれば、大きく儲けられるチャンスでもあったわけです。

オリンパス株は、2014年3月に3500円の高値をつけました。わずか2年半で8倍になったのです。

かように多くの人が駄目だと思っているときだからこそ、株価が割安になっているという事実を知らなければなりません。このような逆転の発想が、投資の局面では重要なのです。

投資では他人の意見に振り回されるな!

まずは心構えの問題ですが、投資を考える場合に、他人の意見などはあまり当てにしないほうがいいということです。「わが道を行く」という姿勢を貫くことが重要なのです。だから私は投資をするときは、「儲けたければ腹を決めろ」と言うのです。一度投資した以上はじっくりと成果が出るまで、待つ必要があると思います。

あなたがマンションなり、不動産なり、金なり、ビジネスの投資でも構いませんが、投資したケースを考えてみましょう。仮に不動産に投資したとして、1年で売却する、というような短期の売買では儲けられません。少なくとも4〜5年、あるいは10年以上にわたって投資成果を見定めるべきではないでしょうか。

株式の投資も基本的にはこれと同じで、自分の投資した成果をじっくり待つべきだと思います。巷には多くの投資本がありますが、普通の人に参考になるような成功体験本はほとんどないと言っていいでしょう。数十万円を元手に億の資金をつくったとか、資金を100倍にしたなどという成功体験は、主にその投資家が独自のやり方とか特異な方法でつかんだというケースがほとんどです。

そして、それらのノウハウはほとんど、その投資家本人にしか意味を持たないものばかりです。要は、トレーディングのやり方や銘柄発掘法、売り買いの仕方や業績の見方などに独自の方法があるものの、多くのケースでは他人がまねても、成功はおぼつかないものとなります。かように投資においては千差万別で、他人の独自の手法を体得するのは至難の業なのです。

私は基本的に普通の人が株で財を成すには、株を買って、その株価の上昇を待つしかないと思っています。これであれば普通の投資家でも初心者でも、株で大きな財を得ることができるはずです。

そして株で財をつくることができるときは、株高の環境が整っていないと難しいとも言えます。日本のバブル崩壊後のように20年以上にわたって株式市場が下がり続けている間に、株を後生大事に持ち続けていては、大事な財産を失うだけです。

株式投資では「見切り千両」と言いますが、見切るところは見切らないと、壊滅的な損失を被って立ち直れなくなります。

そういう意味で投資戦略が成功する場面は、株式市場が大きな上昇トレンド、それも長年にわたる上げトレンドに入っていないと難しいわけです。

そして今回日本は、デフレからインフレへと大規模な歴史的転換が始まったとみていいでしょう。つまり日本の株式市場は、長期的な上昇相場に突入したと考えていいですし、株を買って長期で持ち続けるという戦略で財を成すことができると考えています。

デイトレーダーのように株を日々売り買いするようなテクニックを使う必要もなく、ただ狙った株を長期間保有しているだけで財ができると思うのです。

終戦後の1950年代や60年、70年代、単にソニーやトヨタや当時の松下の株を保有していれば、相当の財産になったのと同じケースです。もちろん、投資にあたっての銘柄選択は重要です。

重要なところなので繰り返しますが、投資においては「腹を決める」ということが重要なのです。相場は日々動きますし、どうしても気持ちが様々な意見に左右されてしまうからです。

そして一番たちが悪いことは、株を保有していると、相場が動いたほうの理屈が正当に思えてくるということです。たとえばある株が下がった場合、その理由はいろいろとあるのですが、下がった理由が相場の方向性と一致しているために、その理屈が妥当であるように思えてくるのです。

こうして株価の下げに耐えられなくなり、株を売却してしまうケースが圧倒的に多いのです。これでは浮き草と変わりません。相場が下がれば、下がった理由に納得し、上がれば上がった理由に納得していれば、永遠に相場の動向に左右されてしまいます。

投資ですし、相場にかかわっている以上は、売り買いにおいて臨機応変に対応しなければならないことは当たり前ですが、反面、臨機応変になり過ぎて、絶えず相場の動きに右往左往するのも問題です。

ですから投資を行うときは、「なぜその株に投資するのか」という自分なりの軸が必要だと思います。たとえばある製品が素晴らしいと感動したのであれば、その会社の株を買うのもいいでしょう。買う理由がはっきりしていますし、自分の目でその会社をきちんと判断しているからです。そして、短期の株価の上げ下げに動揺することなく、長期で持ち続けるのです。

またこの本を読み、「朝倉慶の考えや経済の読みに共鳴したから、紹介されている株を買ってみる」という方法もあるでしょう。それならば私が言いたいことは、「いずれ止まらないインフレが来るから、株を買ったら、その瞬間が来るまで保有しなさい」ということです。

ただし、投資は自己責任で行うことは理解しておいてください。損をしても、誰も補てんしてくれません。かように投資は孤独なものです。ですから自分の考えをしっかり持って覚悟を決める（腹を決める）べきなのです。

日本国債が暴落したとき、なぜ株は上がるのか

短期売買や長期売買、または買値から2割下がったら売却するなど、自分のルールを決めておくことは重要でしょう。大事なことは、人に何と言われようが、自分の投資スタイルを貫き通す信念を持つということです。

だから「頭ではなく腹」「知識よりも度胸」なのです。相場に対峙していると様々な事象に遭遇しますので、自然に自分の信念や考えが、相場の流れとともに揺らいでしまいます。そこで腹を決めておけば、相場に左右されず、投資方針を貫き通せるのです。

そして私が本を出すたびに書いていることは、日本国が国債の１０００兆円という負債を返すことが本当にできると思っているのですか？　という問いかけです。

国債の１０００兆円が返せると本気で思っている人がいるとすれば、相当におめでたいといえます。つまり私は、１０００兆円の借金は必ずインフレで返済することになる、と確信しているわけです。

誰が何と言おうが、どこから批判されようが、この考えは極めて当たり前の考えと思っていますので、揺らぐことはないのです。相場を考えた場合、また経済変動を考えた場合、日本国債が暴落し、激しいインフレが到来する局面は、それ以前のどんな相場の局面よりも変動率が激しく、日本の資本市場の動きの中で最も激烈になるに違いないのです。

私はその相場を何としても乗り切る、いや、その相場を大きくものにするということを、ライフワークとして考えているのです。

というのも、それまでの相場のスケールと、国債が暴落するときの相場のスケールでは、わけが違うと思いますので、国債が暴落するときの相場にうまく乗っていないと、そこまでの利益が雀の涙のようなものになってしまう可能性もあると考えているからです。

ですから、国債暴落時に大きく跳ね上がる銘柄群だけをターゲットとして、投資に取り組んでいるわけです。

一般的に日本国債が暴落するような局面では、日本株もすべて暴落状態に陥っていくという考えが大勢なのですが、私はそうは思っていません。

国債が駄目で、預金も保険もすべて問題があるという状況が訪れた場合に、日本の人々はどのような資産防衛策に入るのでしょうか？　皆が外貨を求めてドルに殺到するのでしょうか。

私はそうは思いません。手っ取り早く、自分の資産が目減りしないものに殺到するしかないと思います。それらは土地を持つ会社であり、不動産関連会社であり、資源を有している会社だと思っています。

またそれらの会社は、日本が壊滅的なインフレとなれば、預金や現金の受け皿として大きく買われるに違いないと思います。自分のこととして考えれば想像できると思います。円の価値がなくなっていくというときに、即座にドル投資に殺到するものでしょうか？

もちろんドル投資をする人もいるでしょうが、日本にいる以上は円が決済通貨ですから、円で資産を保全しようとするのが当然だと思います。私はその国債暴落時に大きく跳ね上がると思われる銘柄群を持ち続けることが、これから来る混乱期を生き残る一つの条件と考えているのです。

だから投資における覚悟を決める意味での「腹」なのです。国債が最終的に暴落し、インフレが止まらなくなる日がやってくることは必至でしょうから、その日を最終時点と捉えて逆算して株式投資をしていくのが、この局面での正しい投資方針だと思っています。

他人の批判にいちいち構っている暇はありません。日本の止まらないインフレ、円安に備えて、用意周到に資産を防衛するだけです。この信念こそが大事なことで、信念がなければこの勝負で成功できるわけがありません。

日本は大インフレとなり、国債は無価値となり、国民は地獄の苦しみを味わうことになると思いますが、一方で私は、日本はそこから国家として大復活すると信じています。裏を返せば、そのような苦しみを経験しない限りは、政治家も国民も大変革を決断できないのです。

借金が1000兆円もありながら、現在の状況を続けることは不可能ということは誰でもわかっているはずです。しかしながら、大きな痛みを伴う大改革のコンセンサスを得ることは相当に難しいのです。私は日本の政治家にそれができると思っていません。第一、ほとんどの日本の政治家は国債が暴落するとは思っていません。現状認識が甘過ぎます。その彼らに国債暴落、インフレ到来を止めることなどできるはずがないのです。

いずれ混乱が生じることは明らかだと思います。結局、日本の抜本的な改革は、国債が暴落した後になされるしかないのです。

きれいごとだけでは食べていけません。国債暴落とともに、自分の資産を終戦直後の大多数の日本人のように失ってしまっては、その後の復興の役にも立てません。来るべき混乱に備えておき、そのときに率先して国を助ける人材になるべきであると考えています。

これから急騰しそうな株はどれか

一般的に株式投資を考えるとき、利益が増える株、ないしは配当が大きい株、財務体質がしっかりした会社の株、などと教科書的に分析すると思います。その考えも大切なことですが、今まで書いてきたように、今後どこかの時点で国債の暴落による日本国の止まらないインフレ到来と円相場の暴落は避けられないと思いますので、そのときを想定して、投資すべき株を逆算的に考えるべきだと思います。

国債が暴落すれば円の価値がなくなり、マネーが減価するわけですから当然、実物が選考されるわけです。その最も大きなものは土地です。そして土地持ち会社は、古くからの会社が多いわけです。

このような会社の株は、東証では「含み資産株」と言われています。1980年代後半のバブル時は含み資産株が大いに人気化したものですが、その数は減り続けています。なぜかというと都内の一等地のような土地は限られており、大きな土地を有している会社が増えることはないからです。

また膨大な土地を持っていた場合、親会社に買収されてしまうケースが多いのです。最近では東宝不動産や昭和飛行機などが典型です。昭和飛行機は昭島《あきしま》に膨大な土地を有しており、含み資産は1株当たり7000円と言われていましたが、親会社の三井造船に1株当たり1650円で買収されました。このような動きが頻繁にあり、含み資産株自体が少なくなってきているのです。

今回の相場の起点は、2012年11月16日の野田前首相の解散宣言から始まりました。

その後激しく物色された銘柄群は、消費者金融関連や不動産流動化関連、そして含み資産株でした。これらの銘柄は半年程度であっという間に2倍から3倍、ものによっては15倍に化けたのです。

野田首相の解散宣言から最初の高値を取った半年後の5月までの各々の高値までの上昇率をみると、含み資産株の「東京都競馬」は2012年11月16日の118円から、2013年4月24日の549円に上昇するまでのわずか5カ月間で、4・6倍という暴騰状態となりました。「よみうりランド」は2012年11月16日の262円から、2013年4月24日には1143円となり、4・4倍の上昇です。「東京ドーム」は3・1倍の上昇、不動産流動化関連である「レーサム」は7・9倍の上昇、「いちごグループホールディングス」は8・3倍の上昇、「ケネディクス」は6・3倍の上昇です。

それらの株価チャートを254頁から載せていますが、簡単に説明していきましょう。

「東京都競馬」は、東京の大井競馬場38万㎡のほか、遊園地の東京サマーランド129万㎡などを保有し、さらに品川には大型倉庫や物流センター8カ所を持っています。オリンピックで羽田近辺の再開発は必至で、膨大な土地の含み益はほかを圧倒しています。

「よみうりランド」は、東京の稲城《いなぎ》市をはじめ、各地にあるよみうりカントリークラブや川崎競馬場、船橋競馬場など都心からのアクセスのいいところに土地を膨大に保有しています。首都圏だけで約300万㎡の土地を保有しており、ある証券会社が小泉政権時代に、よみうりランドの1株当たりの純資産を試算したところ、3400円以上になったとのこと。仮に日本国債暴落のような激変があれば、首都圏にこれだけの土地を保有している同社の含みは、爆発的に拡大すると思われます。

都心のど真ん中にあれだけ広大な土地を有する企業は、「東京ドーム」をおいてほかに見当たりません。現在ドームと隣接する高層ホテルや遊園地を含め、12万㎡の土地を所有しています。1980年代後半のバブル時は、含みは1兆円を超えると言われていました。バブル時である1989年の高値は4880円、国債が暴落するようでしたら、その値段を抜く可能性は十分あります。

「レーサム」はジャスダック市場に上場、主に富裕層や機関投資家向けに、収益不動産による資産運用商品の組成や販売などを行っています。不動産投資の経験やノウハウによって、収益性の高い物件の調達や改修、開発などを行ってきたことが強みです。

「いちごグループホールディングス」は、不動産ファンドの組成と運用を手掛ける専門運用業者です。大株主が株の大半を握っているため浮動株が少なく、株価が飛びやすい。財務体質も良好です。

「ケネディクス」は不動産流動化ビジネスの雄で、運用資産は1兆円を超えます。このビジネスではダヴィンチなど競合他社が淘汰され、残存者メリットも大きいといえます。伊藤忠商事の協力を得て、収益物件発掘に努めています。株価が人気化し、上下に大きく振れる傾向があり、そういう意味では常に人気化の素地があります。REITの拡大にも注目です。

東京都競馬(9672)

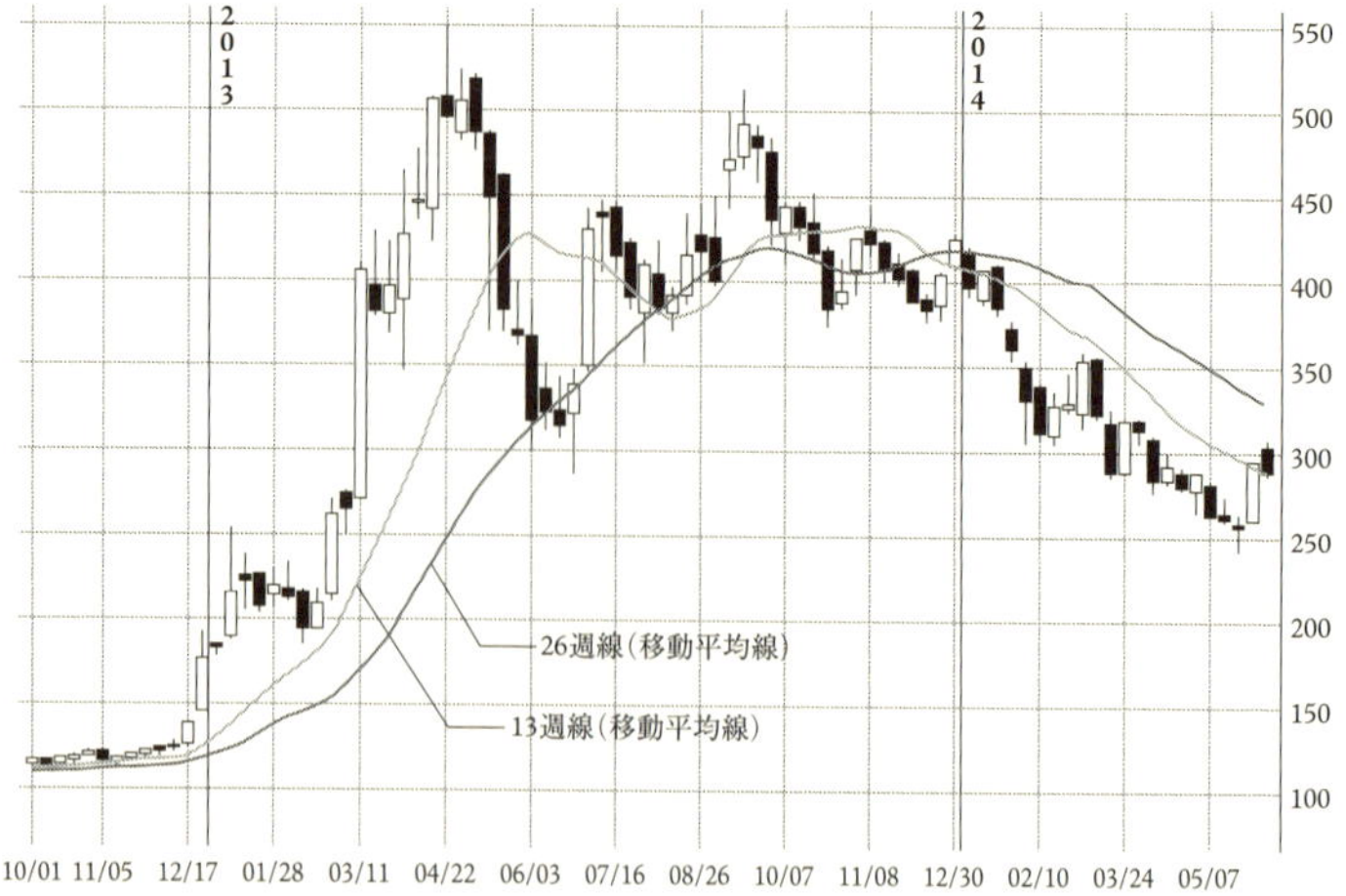

よみうりランド(9671)

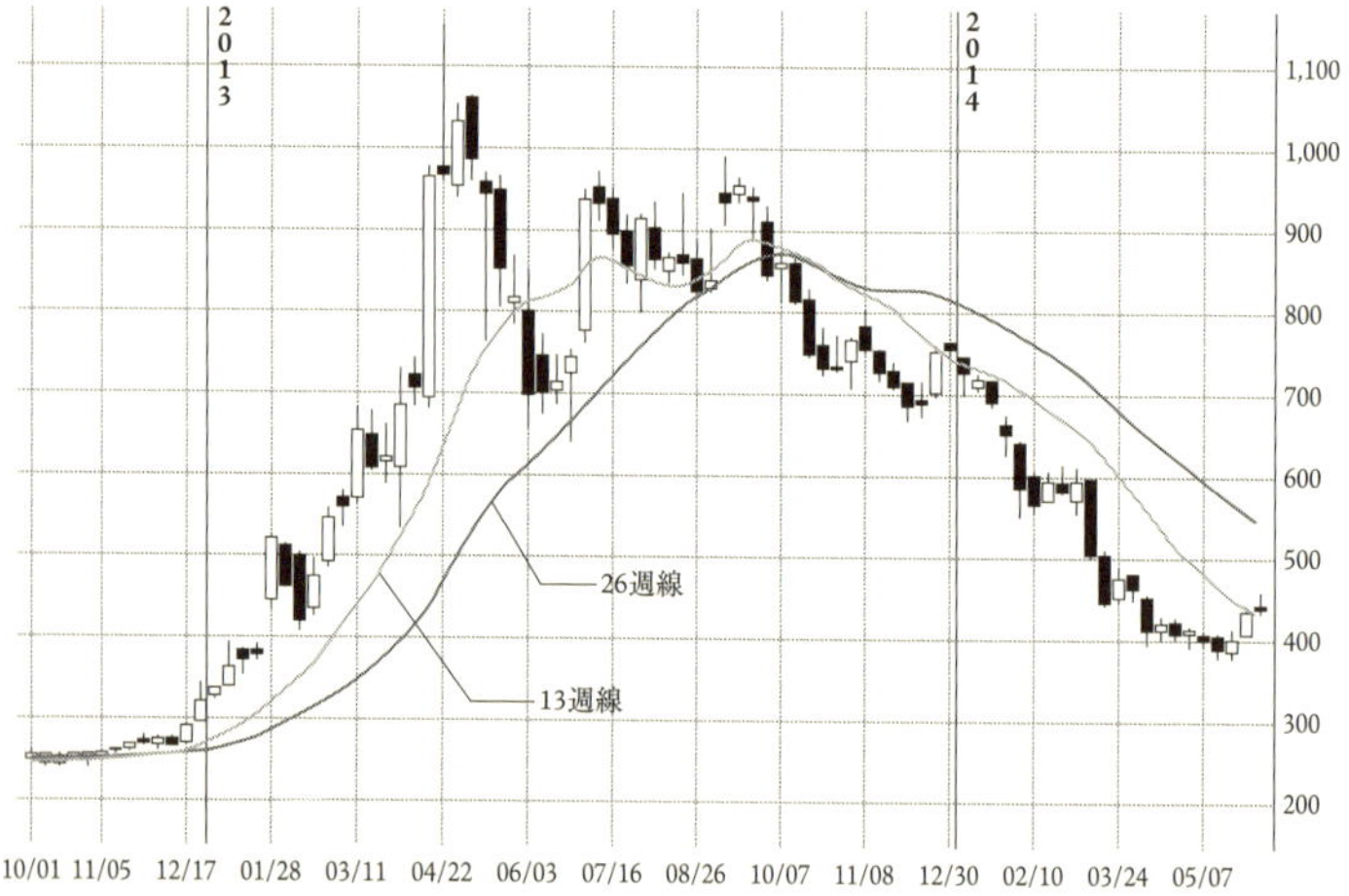

東京ドーム(9681)

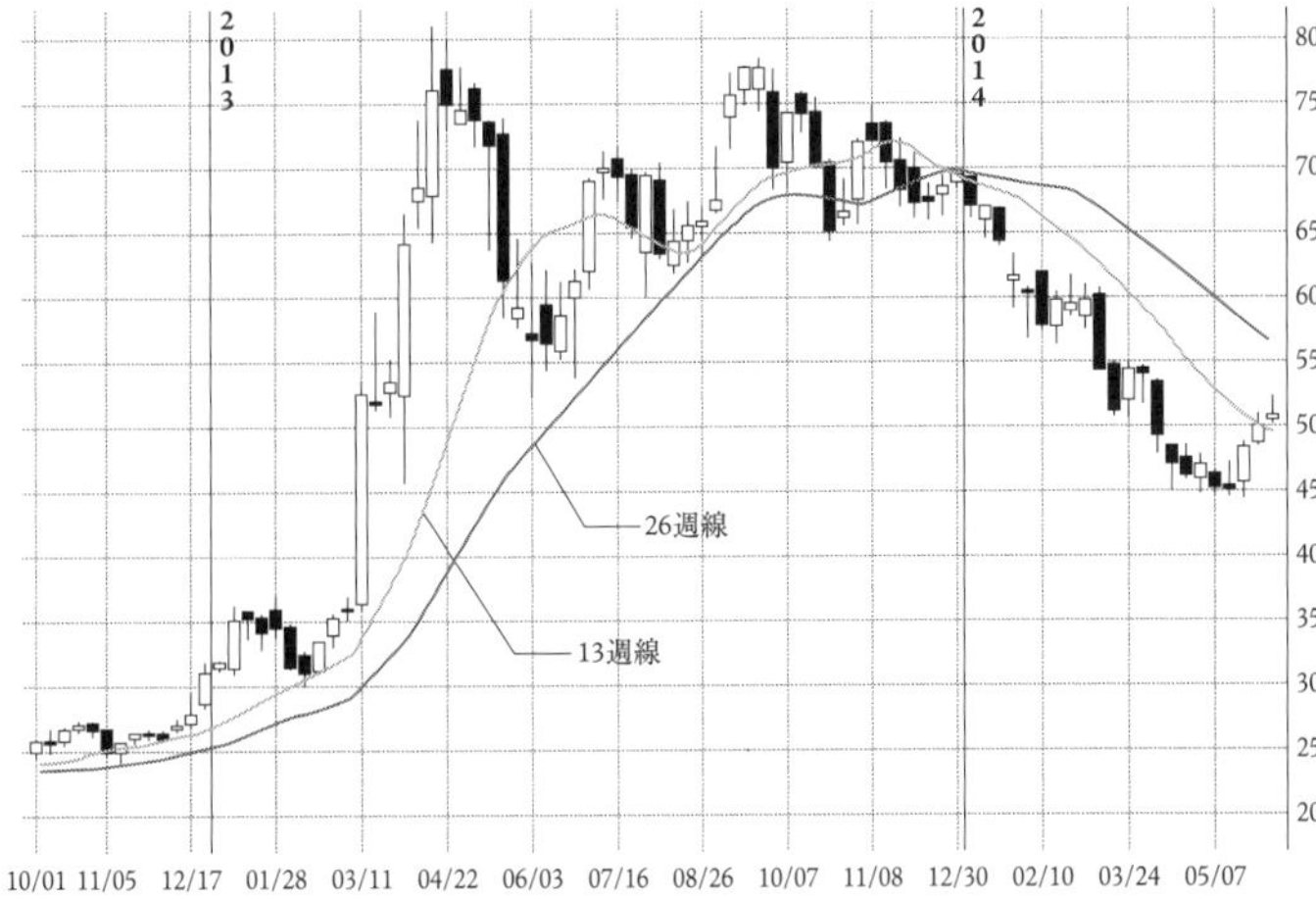

レーサム(8890)

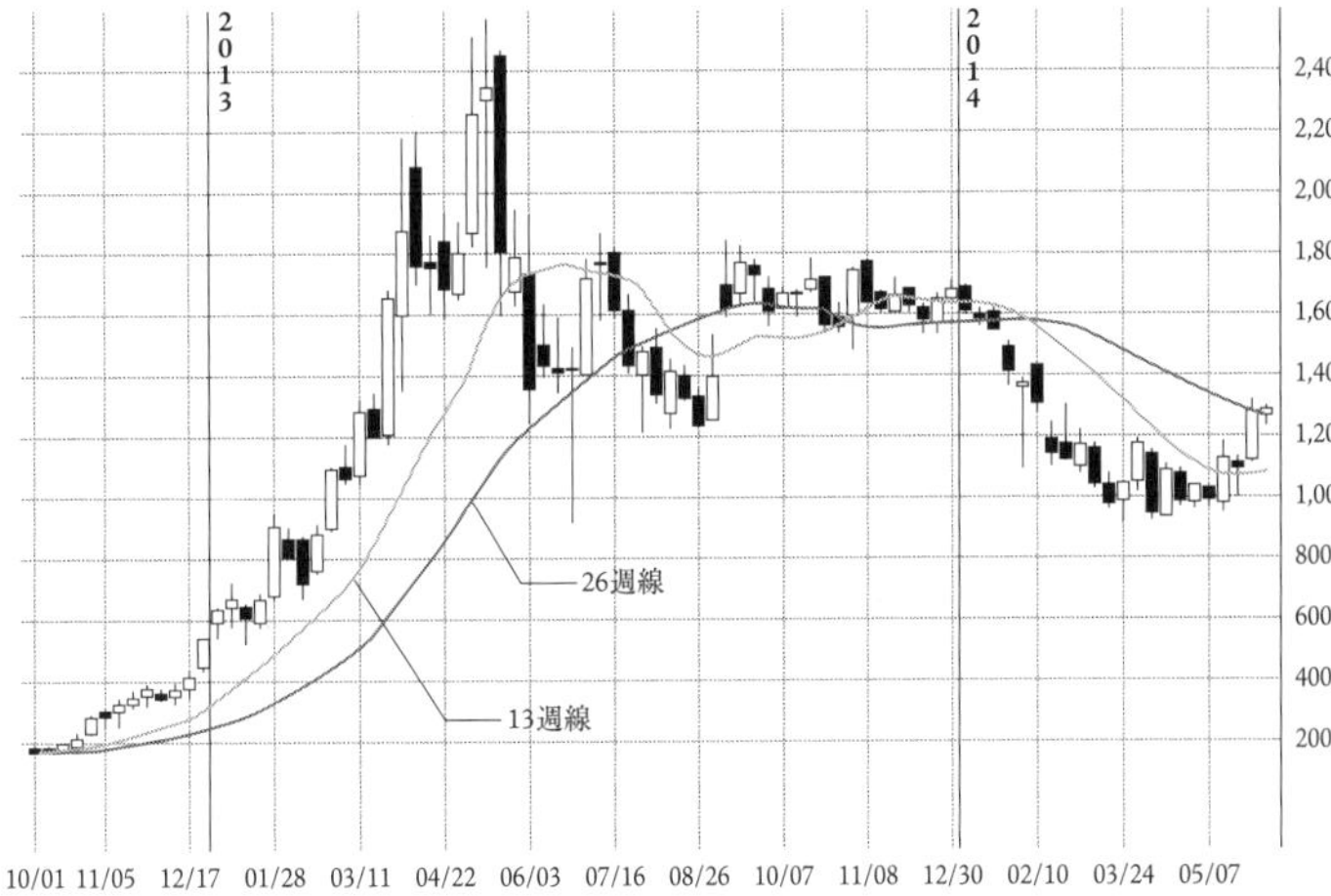

いちごグループホールディングス(2337)

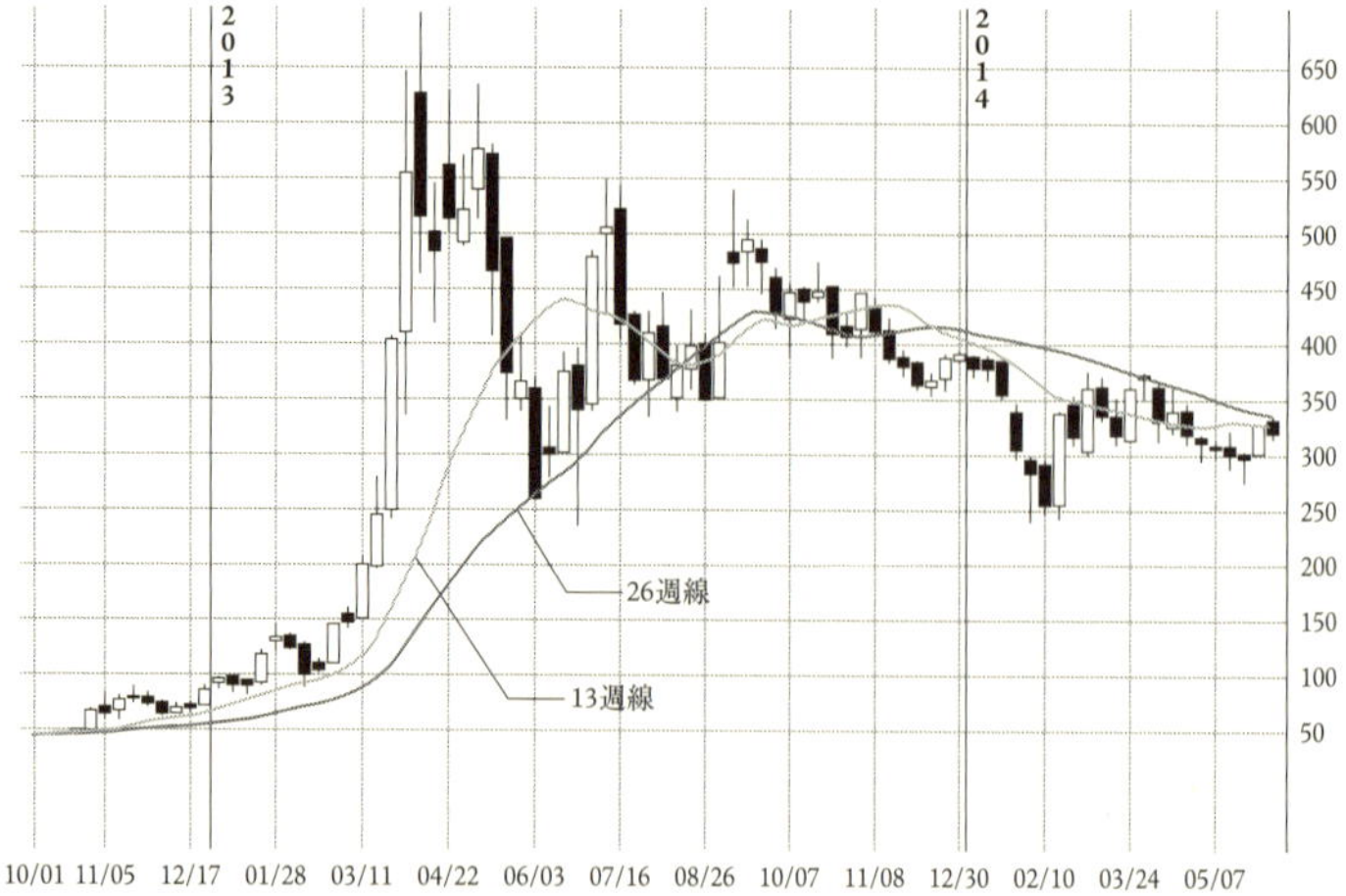

ケネディクス(4321)

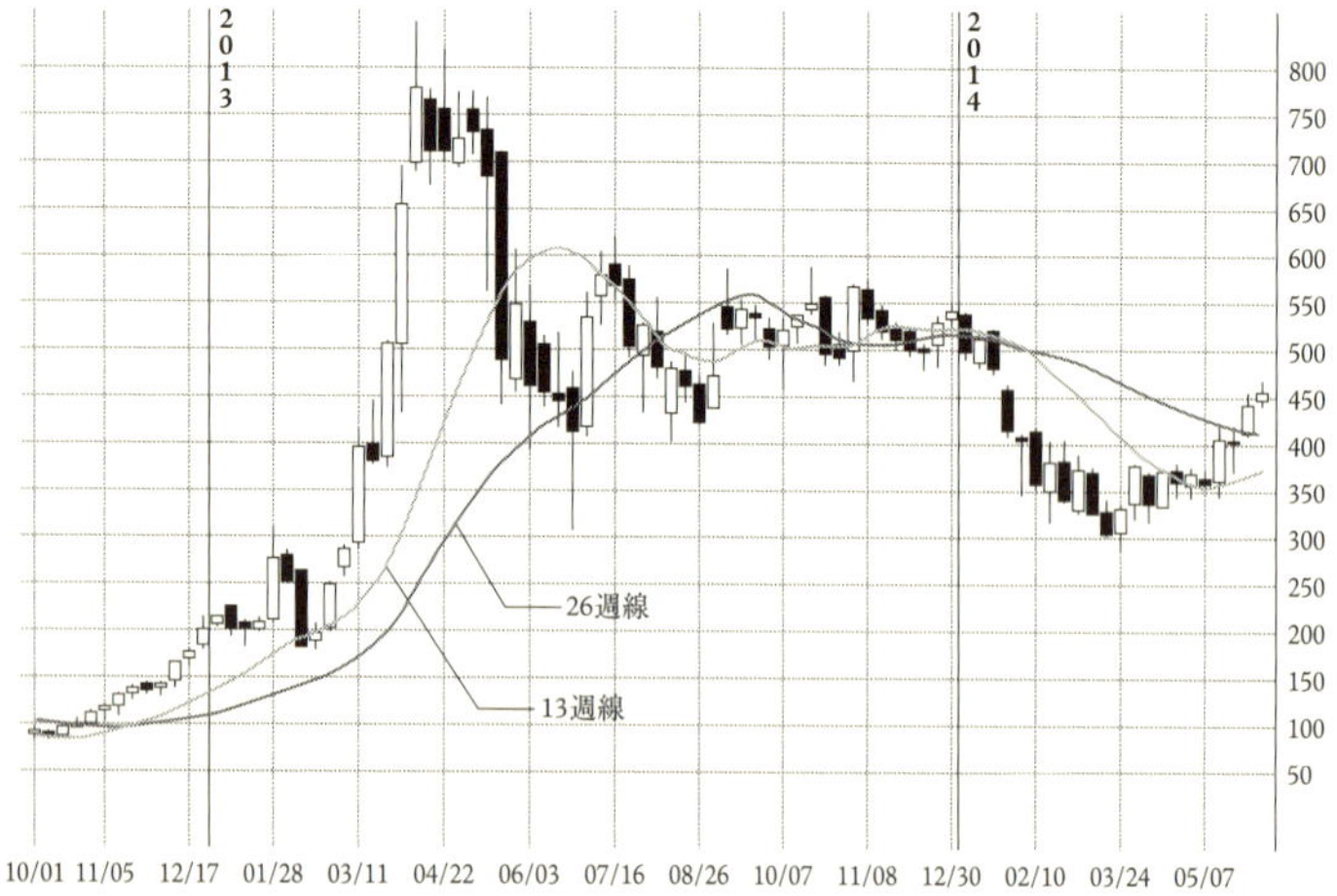

かように含み資産株や不動産流動化関連は、怒涛の上げを演じました。この間日経平均はおよそ80％の上げで、その上げも朝鮮戦争以来60年ぶりの凄さだったわけです。この当時はアベノミクスによるかつてない金融緩和により、インフレ期待が盛り上がったからにほかなりません。

しかし、これらの銘柄群は2013年の4月、5月で高値をつけた後、1年以上にわたって調整過程にあり、現在の株価は大きく下げたままです。

私は止まらないインフレ到来ということを考えると、やはりアベノミクス相場の最初に、これだけの怒涛の上げを演じたこの銘柄群こそがインフレ爆発時の本命株であり、やがてこれらの銘柄群は再び躍動を始め、怒涛の勢いで上げてくると思っています。

ですからこれらの銘柄群は、今後どこかの時点で高値を抜くはずであり、その相場のスケールは壮大だと思っています。いわば野田前首相の解散宣言から半年で第一弾の上げが終了し、今度は1年にわたる調整を終えて、第二弾の上げ相場がスタートするという見方です。

卓越したスターは芸能人であってもスポーツ選手であっても、そのデビューが強烈です。ほかのものを完全に凌駕しているからです。相場も同じです。大化け候補、スターになるような銘柄は動きがダイナミックで、常軌を逸したものとなるのです。

含み資産株や不動産流動化関連として名を挙げた銘柄群は、まさにかつてない相場の始まりのベルを打ち鳴らしたわけで、これから来る止まらないインフレを先読みしていると思われます。

当然、国債暴落のような止まらないインフレが訪れるとなれば、上がる会社、下がる会社のコントラストは強烈なわけで、このような激しい動きが生じてくるのは当然です。

ここで留意すべきことは、まだ真正のインフレが生じていない時点で、あれだけの相場が出たという事実です。そして本当の国債暴落が起これば、これらの銘柄群はどのような値段になるか想像できません。国債暴落時はそれほどのインパクトがあるわけです。だってそうでしょう、あなたの持っている円紙幣、銀行預金の価値がインフレで急速に激減するからです。

ですから今回のインフレに向かう怒涛の相場では、狙いはこのような銘柄群である、と一貫して主張してきました。

もちろんここまでの動きをみただけでも、変動率は極めて高いわけですから、普通の投資家が前述した株式を保有していくのは精神的にも大変なことです。

しかし日本の財政破たんというかつてない変動を考えれば、あらゆる物、カネの動きが尋常でなくなるのも当然のことなのです。ですから私は一貫して、揺らぐことなく、強気で対処すべきだと主張してきたのです。

その過程で、資産が半分になったり数倍になったりする動きは、国債暴落という一大事を考えれば、当然あらゆる資産ベースで生じてしまうことなのです。本命と思える含み資産株や不動産関連株、資源を有している会社株に大変動が生じるのも、やむを得ないことです。

ですから何度も申し上げているように、これからの激しい動きに打ち勝つためには、「腹を決める」ことが最も重要なのです。腹が決まっていなければ、この凄まじい変動に耐えることなどできないからです。

国家戦略特区ではどの株が狙い目か

土地絡みという意味では、国家戦略特区関連に注目です。

土地の利用価値という視点から考えると、その土地の使用用途が変わったり、鉄道や橋や道路などが完備され、アクセスがよくなることによって当然、その土地の持つ価値は劇的に変わります。

たとえば品川駅が新しいリニア新幹線の発着駅になるわけですが、そうなると東京駅よりも人が往来するようになり、羽田にも近いため、利用頻度が増す可能性は高くなります。

当然、今までよりも品川駅周辺の土地の価値は上がってきます。かように新しい交通網の設置などで地域が大きく変わり、土地の価値も劇的に変わる局面が訪れるのです。

かつての東京近郊の農地などもそうだったと思います。東京に近い一等地にあるのに農業などをしている必要はなく、マンション用の用地としてなど、もっと有効に利用すべきという声は自然に上がってきます。しかし大規模な都市再開発などの案件は、国や地方自治体が行政の力で開発していくのが一般的です。

そういう意味では、今の日本経済にとっての最大の案件は、国家戦略特区の構築です。戦略特区で外資を呼び込む、医療特区をつくるといっても、それに値する広大な土地や、その再開発がなされなければ、前に進みません。

また当然、戦略特区を成功させるためには国家的なプロジェクトを立ち上げて、広い地域を再開発する必要があります。その候補は川崎だと思います。

2014年3月5日の読売新聞の報道によりますと、国家戦略特区として「広域特区に23区・横浜・川崎」と大きく謳《うた》っています。ここに23区と並んで横浜、川崎と大きく載っているところに注目です。もちろん新潟や福岡や沖縄や大阪も国家戦略特区の指定を受けていますが、日本国として経済を劇的に活性化させようとするなら、首都圏である東京や横浜、川崎周辺の再開発を大々的に行うしかありません。

特に注目なのは、羽田周辺だと思います。というのも国家戦略特区をつくる大きな目的は、日本を世界で一番ビジネスをやりやすい地域にしようということだからです。

その場合、世界から人材を呼び込むわけです。当然交通の便のいいところに、具体的には羽田を中心に発展させていくのが筋でしょう。成田はあまりに都心から遠過ぎるのです。

羽田を中心にして近隣にビジネス、研究、住居などにとって都合のいい地域をつくり、その羽田から東京や渋谷、横浜とアクセスできるようにすればいいのです。羽田を交通のハブにするようなイメージです。

東京に対してのアクセスはすでにモノレールもありますが、現在貨物線として休止している東海道貨物支線を貨客線（人も貨物も動かす）として利用する案が実現化する動きです。

さらに渋谷方面については渋谷から蒲田まで私鉄が通っていますから、今度は蒲田から羽田までを結べばいいのです。私鉄の京浜急行線の京急蒲田から羽田まではアクセスがあるので、ＪＲ蒲田駅と京急蒲田駅の８００メートルを結べばいいわけです。

この二つの駅を結ぶ蒲蒲線の構想があり、この実現に向けて国も動き出していると思われます。蒲蒲線ができると、渋谷から羽田までノンストップで行くことができます。

また先に書いた東海道貨物支線ですが、これは元々貨物線で、東京の浜松町から川崎の浜川崎まで延びていた貨物線です。これは多摩川を挟んでいますが、すでに羽田側と川崎側を結ぶトンネルが存在し、現在も貨物が動いている状態です。

これをまさに貨客線として人が移動できるようにして、さらに浜川崎の駅からこの線を桜木町まで延ばす構想が進んでいます。そうなると横浜の桜木町から川崎を通過して多摩川を渡って羽田を通り、品川、田町の間の新しくつくる新駅につなぐという具合になるのです。横浜と都内を結ぶ鉄道はJRと京浜急行がありますが、混雑も酷く、ここを結ぶ路線をもう一つ増やしたいところです。

このような案は、すでに10年以上前から神奈川県、横浜市、川崎市からJR側に要望書として出され、JR側も真剣に検討してきたものです。これがオリンピック開催、並びに国家戦略特区の指定とともに具体化しそうなのです。

この東海道貨物支線は、神奈川県の黒岩知事や地元の議員を乗せて、何度か試乗会が行われています。当然、神奈川県側は、東海道貨物支線の貨客化を強く要望しているわけです。

さらにこの東海道貨物支線を貨客化して、東京の海沿いを走る臨海線に接続する構想がありますそうなるとオリンピックを行うお台場へも一直線です。この構想が実現すれば、横浜の桜木町から浦安までつなぐこととなり、横浜方面から一気にディズニーランドへ向かう海沿いの黄金路線となります。さらにその先は成田へも延びていきます。

今回の国家戦略特区の目玉として、羽田を中心とした周辺の再開発があり、この東海道貨物支線沿線の再開発も大きくクローズアップされてくるでしょう。特に神奈川県の黒岩知事の国家戦略特区に対しての思い入れは相当なものがあります。

読売新聞のスクープの後で、3月末に国家戦略特区の正式な選定結果が発表になりましたが、東京は23区でなく9区となり、神奈川は全域指定となりました。

竹中平蔵委員が批判していましたが、どうも東京は戦略特区に乗り気でないようです。戦略特区では雇用規制の緩和など新しい制度が適用される可能性が高いので、このような規制緩和を東京都の官僚が嫌って反対したと言われています。

一方の神奈川県は非常に乗り気で、こうなると戦略特区での力の入れ方という観点からは、必然的に神奈川県に目がいきます。

神奈川県といっても、国が全域をバックアップするというふうにはいかないでしょう。国家戦略特区は、国がやりたいことをその地域を指定して行うものです。国は外資を呼び込み、規制を緩和して国際的なビジネス拠点をつくり、今までの閉塞感を打破して経済活性化を進めたいわけです。ですから羽田周辺を大規模に開発して、海外から来た人が日帰りで来られるような地域をつくり出せばいいという目論みなのです。

交通網は羽田を中心にして東京、横浜、渋谷方面に展開するはずです。再開発を大々的に進めるという意味では、やはり川崎が一番の核でしょう。現在、川崎側からみると、羽田は多摩川を挟んで目と鼻の先なのですが、川崎側から羽田に行こうとしても多摩川があって渡ることができず、かなり遠回りをしないと羽田に到達できません。

神奈川県の人たちにとって羽田は近いにもかかわらず、東京を経由して遠回りで行くしかないのが実情ですから、これを変えればいいのです。これは簡単なことで、橋をかけて鉄道を通せばいいだけです。すでに鉄道に関しては東海道貨物支線という貨物線が多摩川の下を通って開通しているわけですから、これを貨客化すればいいのです。

橋については地元の神奈川新聞が、「羽田と川崎の殿町地区を結ぶ橋を建設することは決定した」と報道しました。鉄道が本格的に通れば、品川、田町間にできる新駅から川崎まで18分程度で行けると思います。東京から新宿まで15分程度ですから、それを考えると、川崎地区は鉄道が開通すれば、一気に一等地に様変わりする可能性があるのです。

元々川崎の臨海部は東京や羽田にも近く、潜在的な利用価値は大きかったのですが、明治以降、京浜工業地帯として発展してきた歴史があります。日本国の重工業の集積地域となって工場群が立ち並んでいるわけです。

ところが昨今は海辺が一等地となり、ディズニーランドやお台場など景観もよく、最も利用価値のある土地となってきましたが、この川崎の臨海部だけは取り残されていました。ひとえに多摩川を挟んでいるために東京とのアクセスが悪いということと、羽田にあまりに近く、騒音などの問題から人気がなかったのです。まさに発展から取り残された地域だったと言えるでしょう。

ところが時代が変わって、今ではどこの国も空港周辺に利用価値があり、一等地となりつつあるわけです。日本も羽田を中心に発展するようになると、今後は川崎地区がクローズアップされてくるようになります。

土地絡みでの将来性を考えると、このような将来の発展の素地がある地域は、投資において特に大きな可能性を秘めているのです。

黒岩知事は5月3日から9日まで訪米し、米国で著名な医学部を持つジョンズ・ホプキンス大学、がん研究機構のダナ・ファーバーがん研究所と、医療分野での協業に関する覚書を交わしました。そして、「米国の大学との覚書でメディカルスクール構想を実現させる」と言っています。国は羽田を挟んだ川崎側にある国家戦略特区に指定されている京浜臨海部ライフイノベーション国際戦略総合特区（キングスカイフロント）で、先端医療をはじめとする医療を中心とした先端分野の研究を集積させ、進めたい意向です。

橋がかかるのも、キングスカイフロントと羽田側の間と思われます。今後この地域には橋もでき、おそらく鉄道も開通して大発展していくと思います。

この川崎殿町地区、並びに川崎臨海部に土地を保有しているという観点から、「日本冶金工業」「東亜石油」「川崎化成工業」「東燃ゼネラル石油」に注目したいと思います。並びに品川と田町の間の駅周辺の再開発でメリットがある「東日本旅客鉄道」にも注目です。これらの株価チャートを左ページより載せています。簡単に説明していきましょう。

「日本冶金工業」は、川崎殿町地区に43万㎡の広大な川崎製造所を保有しています。隣の多摩川沿いには国家戦略特区に指定され、すでに数十社の進出が予定されている「京浜臨海部ライフイノベーション国際戦略総合特区」、通称「キングスカイフロント」があります。ここでは多摩川を挟んで羽田と川崎側を結ぶ橋の計画が、ついに具体化してきました。それができれば羽田から冶金工の工場まで歩いて行けるほどの距離となります。また冶金工の工場の目の前には東海道貨物支線が通り、この貨物線は貨客線にする計画が進められています。国家戦略特区に指定され、再開発の対象になる可能性が高いと思われます。

「東亜石油」は昭和シェル傘下で、石油精製事業を行っています。羽田と川崎を結ぶ橋ができると、「東亜石油」に大きなメリットとなります。「東亜石油」は川崎側に54万㎡の土地を保有、製油所として使っています。土地の簿価は坪当たり10・8万円という超割安。1株あたりの純資産は700円以上と推定されます。川崎地区の再開発が始まって土地が再評価されると、一気に人気になる可能性が大きいと思います。

「川崎化成工業」は三菱ケミカルホールディングスの子会社で、有機酸製品など化学品の製造を手掛けています。川崎臨海部に7万㎡の工場を保有。国家戦略特区に選定される可能性が十分にある地域で、時価総額が100億円にも満たない小型株だけに、人気化すると大きく化ける可能性もあります。

「東燃ゼネラル石油」は石油精製大手。羽田を挟んだ川崎地区に220万㎡の巨大な土地を保有しています。配当利回りは4％を超える高配当会社の筆頭です。

今後土地の含み、活用で最も大きな可能性を有しているのは「東日本旅客鉄道」でしょう。何といっても日本は鉄道社会で、駅を中心に人の流れができていきます。その駅ナカに商店街やスポーツクラブまで運営できるJR各社は膨大な需要を引き受けることができるのです。さらに今回正式発表になった品川と田町間の新駅ですが、これは周辺も含めてすべて東日本旅客鉄道が所有しています。こ

日本冶金工業(5480)

東亜石油(5008)

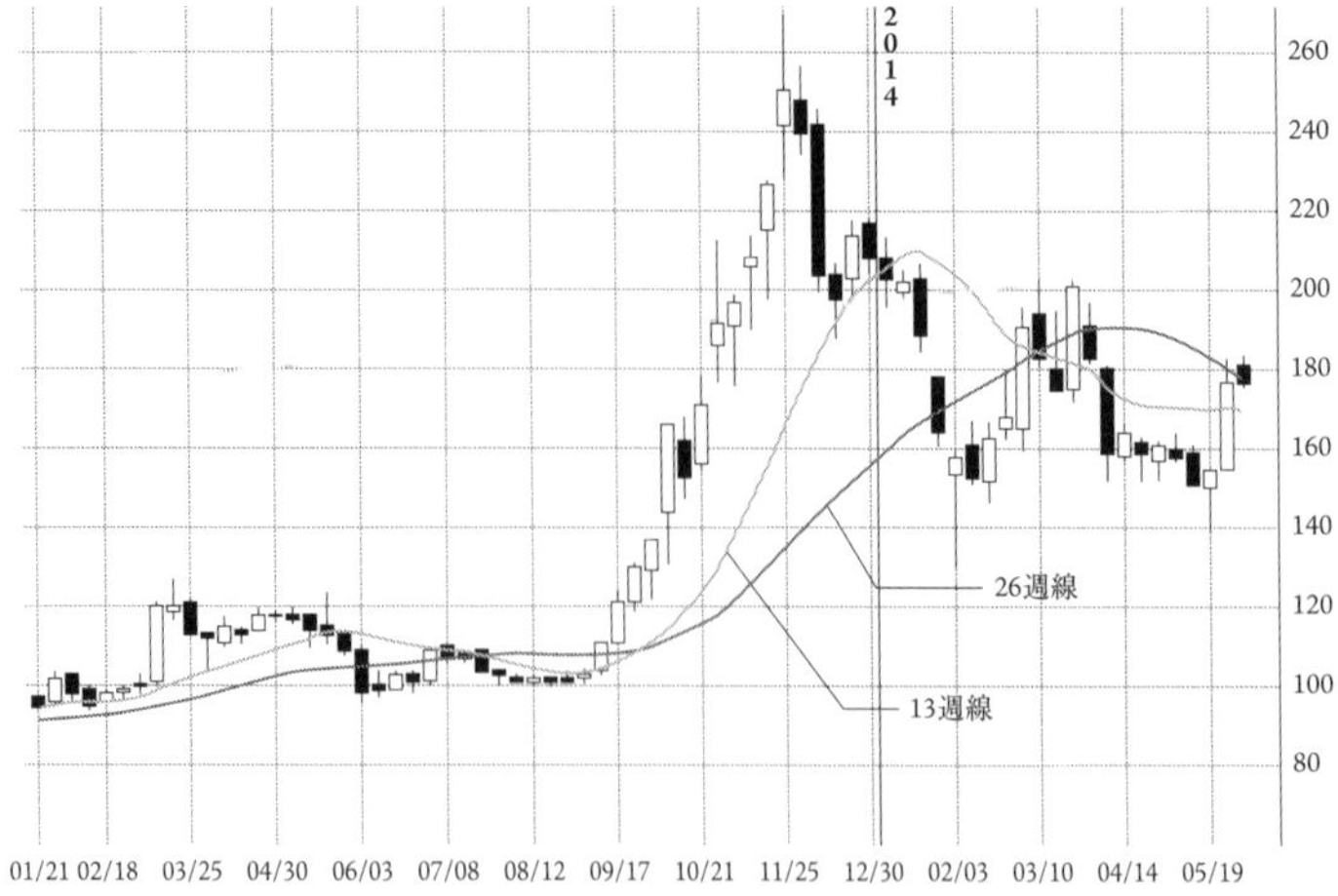

川崎化成工業(4117)

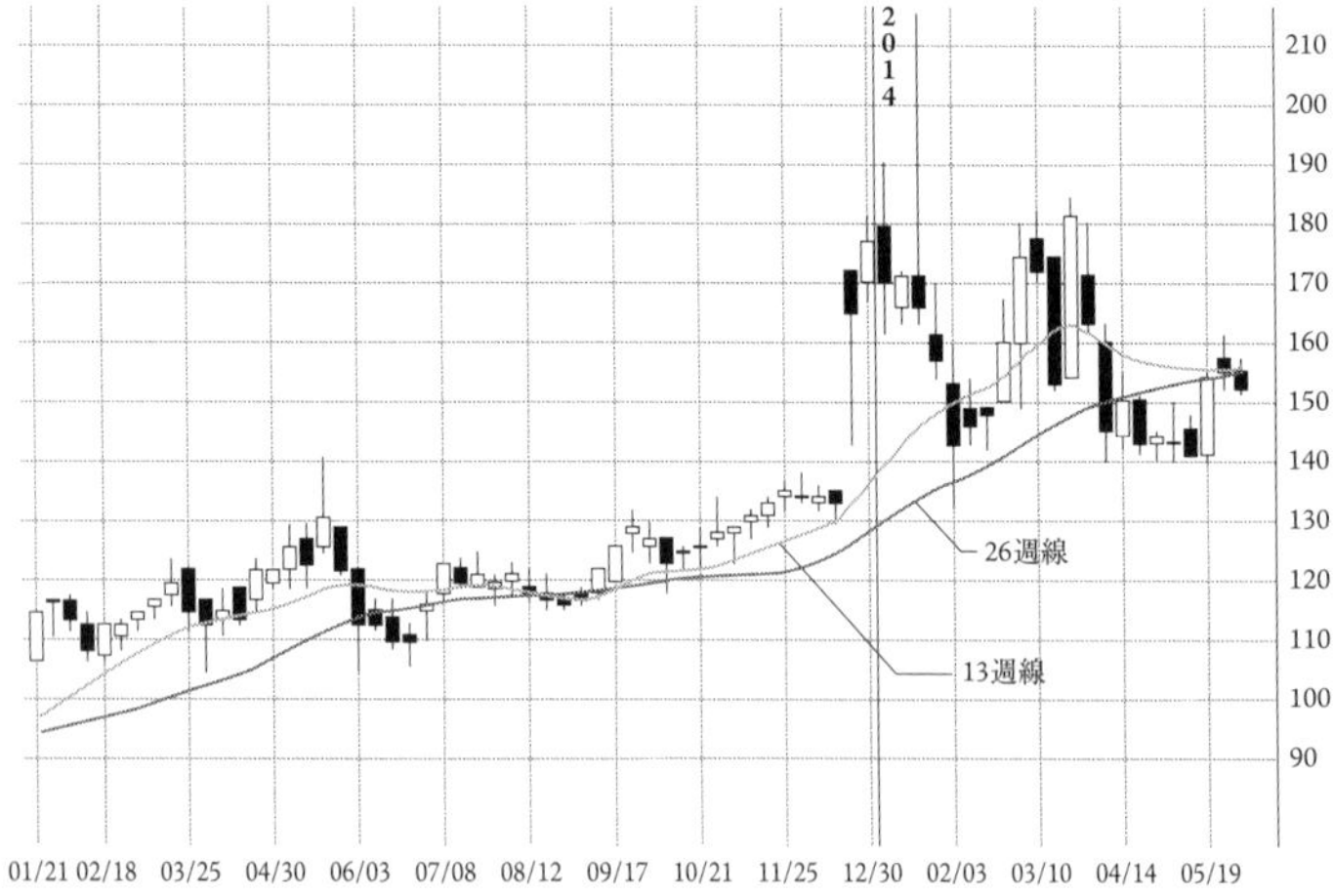

東燃ゼネラル石油(5012)

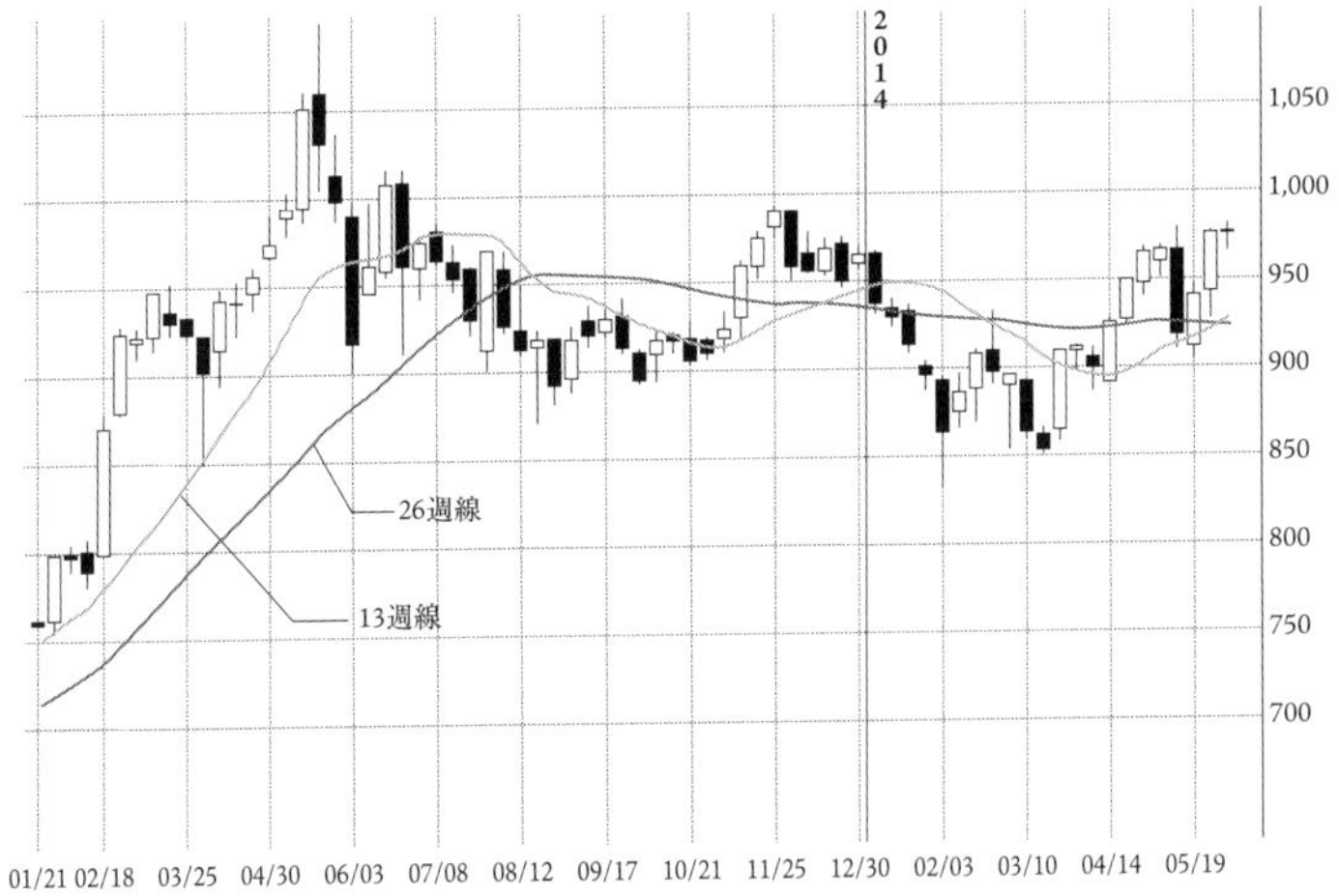

東日本旅客鉄道(9020)

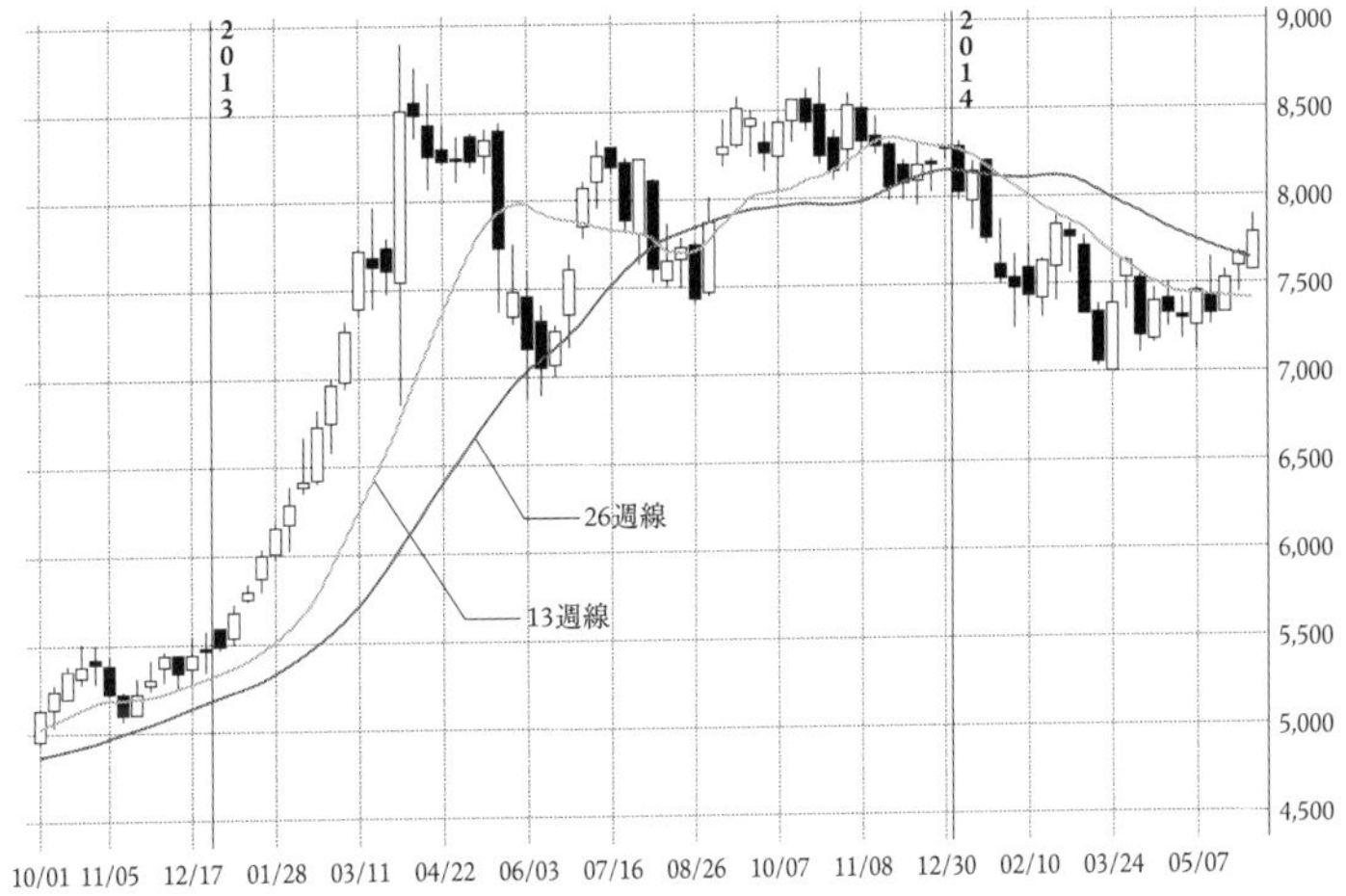

の新駅は品川からのリニア発進や新駅から羽田に鉄道網が延びることも相まって、相当な発展が期待できます。

このエリアは東京駅目の前の丸の内に匹敵するどころか、凌駕する地域に発展する可能性が高く、この利権を一手に有している東日本旅客鉄道の浴する恩恵は計り知れません。三菱地所のような日本一立地のいいところの大家になるわけで、東日本旅客鉄道の将来性は大きいと思います。

１９８０年代のバブル相場のとき、ウォーターフロント相場と銘打って、当時の石川島播磨重工業（現ＩＨＩ）や東京ガスは豊洲の土地の再開発を話題にして、１～2年で10倍に化ける大相場を出したのです。今回も羽田周辺は国家戦略特区の選定で劇的に変わるでしょう。関連銘柄はインフレ時代の到来を見越した大相場が出ると私は期待しています。

おわりに

先日、都内で大量のひょうが降り積もりました。あんなものをみたのは、ほとんどの日本人が初めてのことでしょう。

竜巻注意報も頻繁に発令されます。この日本で竜巻による死者が出るなど想像もしなかったことです。

このような異常気象は、世界中で散見されます。

東日本大震災にみるように、どうも日本も世界も大変な混乱期に突入したようです。人間の気持ちも気象も経済も相場も、すべてどこかで繋がっているように感じます。

これだけ世界中でマネーを印刷し続けて、無難に終わるとは思えません。今の日本における微妙な安定は嵐の前の静けさではないでしょうか。

想像を絶する激動の前夜と感じます。大インフレ時代の到来が迫っています。この本を参考にして、見事に乗り切ってほしいと思います。

朝倉 慶（あさくら・けい）

経済アナリスト。（株）アセットマネジメントあさくら代表取締役社長。1954年、埼玉県生まれ。77年、明治大学政治経済学部卒業後、証券会社に勤務するも3年で独立。顧客向けに発行するレポートで行った、この数年の経済予測がことごとく的中する。船井幸雄氏が著書のなかで「経済予測の超プロ・K氏」として紹介し、一躍注目される。著書に『2014年 インフレに向かう世界』『もうこれは世界大恐慌』『大恐慌入門』『裏読み日本経済』（以上、徳間書店）、『2013年、株式投資に答えがある』（ビジネス社）、『2011年 本当の危機が始まる！』（ダイヤモンド社）などがある。

株は再び急騰、国債は暴落へ

2014年7月25日　第1刷発行
2014年8月5日　第2刷発行

著　者　朝倉 慶
発行人　見城 徹

GENTOSHA

発行所　株式会社 幻冬舎
〒151-0051　東京都渋谷区千駄ヶ谷4-9-7

電話　03(5411)6211(編集)
03(5411)6222(営業)
振替00120-8-767643
印刷・製本所：中央精版印刷株式会社

検印廃止

ISBN978-4-344-02611-7　C0095
幻冬舎ホームページアドレス　http://www.gentosha.co.jp/

この本に関するご意見・ご感想をメールでお寄せいただく場合は、
comment@gentosha.co.jpまで。